보들레르의 풍자적 현대문명 비판

『벨기에 기행』을 중심으로

차례
Contents

벨기에 풍자를 통한
보들레르의 현대문명 비판

시성(詩聖) 샤를 보들레르(Charles Baudelaire, 1821~1867)의 결코 길지 않은 일생을 시대 구분해볼 때, 그의 말년은 1864년 4월 24일 파리를 떠나 인접국 벨기에 수도 브뤼셀 도착 시점부터 시작된다고 할 수 있다. 객지에서 고독과 궁핍 속에 어렵사리 2년을 보낸 후 1866년 3월에 반신불수와 실어증이라는 큰 병을 얻게 된다. 급히 달려온 모친에 의해 파리로 이송되었고 이듬해 8월에 사망하였다. 생애 마지막 몇 년이라는 물리적 시간의 의미라기보다는, 본인의 명성에 어울리는 시 한 줄 쓰지 못했기 때문에 시인의 말년이라는 표현이 더욱 적합해 보인다.

1864년 벨기에로 떠날 무렵의 보들레르. 한껏 멋을 낸 댄디의 모습이다.

　'파리의 시인'이라는 별칭에 어울리게 '19세기의 수도'를
한 발자국도 떠나려 하지 않던 그가 갑자기 벨기에로 간 이
유는 다양하게 언급되고 있다. 눈덩이처럼 불어나는 부채와
빚쟁이들을 피하기 위한 것일 수도, 아니면 자신의 『전집』을
내줄 출판사를 같은 프랑스어를 사용하는 이웃 나라에서 찾
기 위한 것일 수도 있겠다. 그러나 시인의 입장에서 생각해
본다면 새로운 곳으로 장소를 바꿔보면 사라진 창작력이 되
살아나지 않을까 하는 기대가 더 컸을 것이다.

당시 유럽에서는 시민혁명에 의한 독립전쟁을 치른 후 발전을 거듭하는 신대륙 미국이 매력적인 나라로 각광 받고 있었다. 그러나 보들레르가 고국 프랑스를 떠나던 무렵 미국은 남북전쟁(1861~1865)의 전화에 휩싸여 있었다. 프랑스인의 관심은 이제 1830년 8월 혁명을 통해 네덜란드로부터 독립한 신생 왕국 벨기에였다. 나폴레옹 3세의 제정에 저항하던 빅토르 위고를 위시하여 프랑스의 공화파들이 대거 망명한 브뤼셀은 이국의 수도라기보다는 자국의 지방 도시처럼 느껴졌을 것이다. 게다가 벨기에는 열강들의 힘의 균형을 위한 중립국의 지위를 얻어 정치적으로 안정되고, 첨단 산업화로 번영을 누리고 있었다.

진보와 민주주의를 불신하는 보수파이며, 정신적 귀족주의를 내세워 물질주의를 혐오하는 보들레르가 브뤼셀에서 마주친 당시의 시대 풍조는 고국에서조차 극구 회피하고자 했던 것들이다. 그는 자신을 분노하게 만드는 것들을 하나둘 수첩에 메모하기 시작했는데, 단기간에 엄청난 양이 되었다. 본격적으로 『불쌍한 벨기에여!』를 쓰기 위해 개요를 작성한다. 이 「개요」가 갖는 문학적 의미는 수많은 메모 중에서 보들레르 자신이 구상하고 있는 책의 논거를 세웠다는 점과, 자필로 정서한 완성된 텍스트라는 것이다. 이 책 말미에 [부록]으로 소개하는 것은 「개요」와 이를 운문으로 바꾼 풍자시집의 완역으로, 벨기에의 각 분야를 섭렵하고 있다.

자신이 받은 부정적 인상들을 풍자를 통해 조롱하고 비꼬는 보들레르 비판의 핵심은 벨기에인이 원숭이처럼 프랑스인을 무조건 따라 한다는 '모방성(imitation)'과, 쉽사리 다른 이들에게 노예처럼 순종한다는 '복종심(obéissance)'으로 요약할 수 있겠다. 그러나 이런 아픈 지적은 단지 벨기에만 국한된 것이 아니라 현대문명 전반에 관한 보들레르의 통찰에서 비롯된 것이다. 벨기에를 질타하며 그는 프랑스는 물론 인류 전체를 전제로 하고 있다. 현대에 사는 인간은 어느 틈에 자신의 정체성을 상실하며 물질주의의 맹위 앞에 복종하게 된다는 점을 미리 경고하고 있는 것이다.

풍자를 위해서라면 과장과 왜곡을 서슴지 않는 보들레르. 모순 덩어리인 그의 삶을 익히 알고 있는 우리가 그를 흉내내 말해보자면, 보들레르 자신도 그가 비난하는 대상에서 결코 피해 나갈 수 없을 터이다.

I. 1864년의 보들레르 기행문

1860년대 초에 보들레르는 『악의 꽃』 재판(再版)과 『인공낙원』을 출간하며, 훗날 『파리의 우울』에 수록될 산문 시편들을 발표하는 등 평소의 작업량과는 대조적으로 눈부시게 활발한 문학적 성과를 내고 있었다. 이렇게 창작열에 고무된 상황에서 그가 아카데미 프랑세즈 회원에 입후보한 것이 당시 세간의 평가처럼 정말로 터무니없는 일이었냐고 마르셀 뤼프(Marcel Ruff)는 자문하고 있다.

그러나 문단의 몰이해로 아카데미 입후보를 철회할 당시에 그의 건강은 본인이 불안해할 정도로 나빠지고 있었다. 치매 전조 현상과 이미 만성적인 현기증도 갖고 있었다. 파리

생활은 갈수록 궁핍해졌고 빚쟁이들 성화도 늘어만 갔다. 게다가 자신의 문학적 후원자이며 『악의 꽃』과 『인공 낙원』의 발행인인 풀레-말라시스가 파산을 맞게 되자, 사회를 향한 보들레르의 분노는 극에 달한다. 이렇듯 작품들을 게재하거나 출판하는 일이 점점 더 어려워지고 있었지만, 사실상 그가 맞닥뜨린 본질적인 문제는 창작력이 급속히 고갈되어가는 것이었다. 문인으로서 분위기 전환이 절실한 시점이었다.

드디어 보들레르는 벨기에로 떠날 결심을 하고, 1863년 8월 7일에 신임 프랑스 교육부 장관 빅토르 뒤리에게 정부 지원금을 신청했다.

장관님,

저는 두세 달간 벨기에를 둘러볼까 하는데, 특히 그곳의 훌륭한 개인 소장 미술품들을 살펴보고 제가 받은 인상으로 좋은 책을 쓰려고 합니다. 하지만 재원이 없는 저로서는 여행 경비를 마련해주십사, 하고 장관님께 부탁했었지요. 벨기에에서 돈을 벌 수 없을지라도, 육칠백 프랑 정도라면 충분하리라는 겁니다.

그러나 파리를 떠나 낯선 타국으로 가려는 이런 자발적인 '유배' 계획은 예산 부족을 내세운 정부의 지원 거부뿐만 아

브뤼셀로 떠나기 직전의 보들레르 자화상. 남을 조롱하는 듯한 두 눈, 오만한 코, 독설을 참고 있는 입매 등 풍자작가로서의 면모를 이미 갖췄다.

니라 본인의 우유부단한 성격 때문에 거듭 연기되었다. 현지에서 대중 강연회를 열어 체재비를 충당하겠다지만, 그의 여행의 진짜 목적은 풀레-말라시스를 대신하여 자신의 전집을 내줄 출판사를 찾는 것이었다.

드디어 '예술과 문학 서클'에서 강연을 하기 위해 보들레르는 1864년 4월 24일에 벨기에의 수도 브뤼셀에 도착하게 된다. 그러나 도착 직후 행한 강연회들은 실패로 끝났고, 받은 강연료도 형편없어서 보들레르는 객지에서 자포자기 상황에 빠지게 된다.

6월 초에 그는 파리의 「르 피가로」지에 「벨기에서 보낸 편지(Lettres belges)」라는 칼럼을 기고할 것을 구상한다. 단장집 『내밀 일기』 안에서 조국 프랑스에 대해 했던 것처럼, 이번에는 벨기에라는 나라를 맹렬히 조롱할 참이었다. 이를 위해서 보들레르는 그 나라와 국민의 단점과 약점을 꼼꼼히 기록하게 된다. 그러나 신문 기고는 불발되었고, 이 칼럼 원고를 한데 묶어 풍자서인 『불쌍한 벨기에여!』를 펴내려던 당초 계획은 수포가 되었다. 결국 남은 것은 361개의 종이쪽지에 보들레르가 친필로 쓴 메모뿐이다. 앙드레 기요(André Guyaux)에 따르면, "텍스트의 분량은 상당하고, 그 내용은 잡다하다. 다듬어지지 않은 메모들은 각각 파일 안에 모아져 있었다. 파일의 겉장마다 요약이 붙어 있는데, 이것들은 훗날 1866년 「벨기에에 관한 책의 개요」를 작성하는 데 쓰이게 된다."

이 33개의 파일 뒤에는 파란 종이에 작성된 10쪽 분량의 별도 원고가 첨부되어 있다. 보들레르의 메모철 안에서 유일하게 완성되어 보이는 부분이다. 보들레르가 손수 교정을 보고 정서하여, 이 별첨 원고만이 완성된 상태라고 할 수 있다. 1865년 11월부터 이듬해 1월에 걸쳐 작성된 「벨기에에 관한 책의 개요(Argument du livre sur la Belgique)」라는 제목의 이 원고는 구상 중이던 『불쌍한 벨기에여!』를 파리 출판사들에게 홍보하기 위해 만든 요약본이다. 그러나 출판사들은 외면했고, 이에 실망한 보들레르는 집필 계획을 중단해버렸다.

몇 장이 떨어져 없어진 『불쌍한 벨기에여!』는 1867년 보들레르가 사망하자 풀레-말라시스에 의해 페이지가 매겨졌다. 2년 후 친구 샤를 아슬리노는 시인에 관한 첫 번째 평전 『보들레르』에서 이 작품의 존재에 대해 언급하였으며, 1887년 외젠 크레페가 펴낸 시인의 『유작집(Œuvres posthumes)』에 그 내용의 일부가 공개되었다. 이 미완의 책은 시인 생애 마지막 2년간의 브뤼셀 체류의 생생한 기록이며, 신랄한 문명비평가로서의 진면목이 유감없이 발휘된 작품이다.

II. 보들레르 시대의 벨기에 왕국

보들레르가 망명지로 선택한 것은 19세기 중엽의 신생공업국으로 프랑스와 인접한 벨기에였다. 그가 이곳 벨기에에서 자임한 역할은 몰래 염탐하는 '스파이'였다. "냉정한 관찰자로서 이 나라의 결점들을 추적하며, 쉬지 않고 메모를 적어대고 신문기사를 오려 모으는 외국인인 그는 바로 최고 밀정"이라고 기요는 주장한다. 조국 프랑스에서 보들레르는 언제나 적의에 찬 사람들 틈바구니에 살며 자국민을 혐오했지만, 이번에는 미개한 벨기에 사람들을 폄하하며 애국심에 찬 프랑스인으로 돌변했다.

당시 브뤼셀에는 나폴레옹 3세의 제2 제정이 추방한 프랑스 자유주의 사상가들이 상당히 모여 있었다. 성직자의 정치 간섭에 반대하는 이들의 반(反)교권주의는 벨기에 사람도 공감하는 주장이었다. 하지만 가톨릭 예수회에 호의적이었던 보들레르는 프랑스 망명 정객들의 부추김 속에 반교권주의를 신봉하는 벨기에인이 의회를 장악하는 것에 격분하였다. 정치적으로 추방된 것이 아닌 자발적 망명객이었던 보들레르는 쇠락해가는 종교의 자리를 이내 물질주의가 차지하리라는 것을 영민하게 간파한 것이다.

정치와 사회의 각 영역에서 프랑스를 그대로 따라 하는 벨기에. 이곳에서 피할 수 없이 다시금 마주치게 된 프랑스 공화주의나 반교권주의에 대해 보수 성향의 보들레르가 느낀 반감을 짐작할 수 있다. 게다가 '어중이떠중이'라며 자신이 평소 폄훼하던 프랑스 공화주의자들의 국가(國歌)인 「라 마르세예즈」를 우연히 벨기에 현지에서 듣게 되었을 때 그가 느낀 당혹감은 대단했다. 이런 상황에서 강연 실패와 출판 좌절로 인해 시인의 반(反)벨기에 감정은 극에 달한다.

이렇듯 벨기에에 대한 불만으로 현지인들을 악의적으로 비판하고 있는 『불쌍한 벨기에여!』 안에서 보들레르는 날카로운 풍자화가의 시선으로 사소한 몸동작이나 목소리 억양에서조차 벨기에 사람들의 내면을 포착할 정도였다. 다음은 보들레르가 파악한 벨기에의 정치적 실상이다.

엄밀히 말하자면 벨기에 국민이란 없다. 플라망 민족과 왈롱 민족이 있을 뿐이고, 도시들은 서로 적대적이다. 안트베르펜을 보라. 벨기에는 외교 무대에서 어릿광대다. (갈리마르 간행 전집 2권, 914쪽)

유럽 열강 사이의 외교적 협상 끝에 1831년 탄생한 신생국 벨기에에는 국민도 정체성도 없다는 19세기 당대의 통념이 그대로 드러나 있다. 보들레르가 벨기에에 체류하던 1860년대 중반, 프랑스의 입장으로 볼 때 벨기에는 독립한 지 30년밖에 안 되는 변방의 작은 나라에 불과했다. 그러나 국제외교 무대에서 벨기에는 프랑스에 대등하게 맞설 만큼 신흥공업국으로 급부상하고 있었다.

한편 벨기에 사람들이 구사하는 프랑스어는 프랑스인이 볼 때 서툴고 매우 부정확했다. 이처럼 벨기에는 모든 분야에서 프랑스를 어설프게 모방하고 위조하고 있었다. 즉, 문화적으로는 프랑스의 아류가 분명한데, 산업과 경제에서는 훨씬 더 윤택한 작은 나라가 벨기에였다.

당시 벨기에는 나폴레옹 3세의 정적인 프랑스 공화파 인사들의 망명을 대거 받아들였는데, 이들은 수도 브뤼셀에서 빅토르 위고를 중심으로 현지의 지성과 사상의 흐름을 주도

했다. 보들레르가 강연했던 '예술과 문학 서클'이 그 대표적인 모임이었다.

한편 벨기에의 인구 구성은 네덜란드어를 쓰는 북부의 플라망족과 프랑스어를 쓰는 남부의 왈롱족으로 양분되는데, 보들레르 망명 당시 브뤼셀은 플라망인이 주를 이루고 있었다. 그러므로 보들레르가 '벨기에 사람(belges)'이라고 지칭한 것은 브뤼셀에 거주하는 플라망인이었다.

다음의 1866년 2월 18일자 편지는 와병 직전 보들레르 스스로가 전하는 벨기에에 관한 책 『불쌍한 벨기에여!』와 이것의 요약본인 「개요」에 관한 마지막 정황을 담고 있다.

에두아르 당튀에게,

만약에 내가 벨기에에 관해서 무엇인가를 쓴다면 당신께 알려달라고 2년 전에 말씀하셨지요. 그때 당시는 아마도 기념물들 묘사를 생각하셨을 겁니다. 지금은 풍속 스케치가 관건입니다.

저의 오랜 친구 앙셀 씨가 당신에게 직접 또는 인편을 통해서 작품에 관해 적어도 10쪽 분량의 매우 상세한 제안서를 전달할 겁니다(전체는 320 내지 360쪽 또는 400쪽임). 이것은 편집자가 읽으라고 만든 계획서이지, 책의 목차는 전혀 아닙니다. 프랑스가 어리석게도 유행시키고 있는 벨기에에 관한 내용입니다. 이제는 벨기에에 대해 진실을 말해야 할 때입니다.

이 책(아니 차라리 모아놓은 메모들)은 양이 너무 많아 삭제를 좀 해야겠지만—너무 힘든 작업은 아니지요. 반복되는 말들이 있으니까요. 한 달 안에 선보이게끔 정리할 수 있습니다. 그러나 계약서 없이 저는 단 한 줄도 더 이상 쓸 수 없습니다.

파리의 출판업자 당튀에게 보낸 이 편지에는 『불쌍한 벨기에여!』의 성격이 분명하게 제시되어 있다. 프랑스인은 잘 알지도 못하면서 이상향인 양 벨기에를 극찬하고 있는데, 자신이 현지 풍속 사생(寫生)을 통해 그 실체를 밝히겠다는 것이다.

항설과는 달리 막상 브뤼셀에 와서 매사가 도둑질과 거짓말인 것을 발견한 시인은 격노하고 있었다. 모든 것은 프랑스의 결점들을 과장되게 흉내 낸 것뿐이었다. 보들레르에게 벨기에는 악취 나는 거리, 못생기고 더러운 여인네들, 상스러운 풍속으로 이루어져 있는 프랑스의 변방에 불과했다.

특히 지성의 부재를 못 견뎠는데, 보들레르는 라틴어와 희랍어의 실종, 시와 문학에 대한 혐오, 철학과 형이상학의 자리를 차지한 물질과학, 이런 것들이 벨기에 공교육의 본질이자 현대의 보편적인 어리석음이라고 진단했다. 그래서 상공인들을 양산하는 벨기에의 교육은 직업 교육 수준이며, 그 근거로 빈약한 정신을 양산하는 '실증주의'를 지목한다(전집 제2권, 873쪽).

지금으로부터 한 세기도 더 전인 1912년에 『벨기에에서의 보들레르(*Baudelaire en Belgique*)』라는 의미심장한 책을 이미 펴낸 벨기에인 모리스 퀴넬(Maurice Kunel)은 다음과 같이 보들레르의 당시 상황인식을 정리해놓았다.

> 이곳에서는 아무것도 깨끗하지 않은데, 여인들마저도 그렇다. 예의범절·행동거지·용모조차도 혐오감을 줄 정도로 모든 것이 상스럽다. (30쪽)

III. 원숭이에서 똥 묻은 막대기까지: 벨기에 사람에 대한 보들레르의 정의(定義)들

　보들레르가 메모 모음집 형태로 남겨놓은 『불쌍한 벨기에여!』를 팸플릿(pamphlet), 즉 풍자적 소책자라고 부르는 것에는 이의가 없다. 이 책의 풍자성에 대해서 클로드 피슈아(Claude Pichois)는 "게다가 여기에는 신랄한 기백, 왜곡하는 재간, 날카로운 풍자 감각이 있다"라고 규정하고 있다.

　우선 벨기에 사람들에 대한 보들레르의 증오는 무엇보다도 동물들로 의인화된다. 책 제목 선정에서부터 '원숭이(singe)'가 등장하고 있다. '조롱하기 위한 수도, 원숭이들의 수도(Une capitale pour rire, une capitale de singes)(전집 제2권, 820쪽)'. '조롱의 수도'는 다름 아닌 '원숭이들의 수도'로서, 프랑스를 우스꽝스럽게 모방하는 벨기에 사람들을 일단 '원숭이'로 규정하고 있다. 이외에도 벨기에 사람을 보들레르는 인간이 아니라 열등한 짐승으로 간주한다. 예를 들어 토끼·발바리·반추동물·암탉·까치·코끼리·양과 숫양·새·오리·곰 등, 마치 거대한 동물원을 연상시킨다.

벨기에 사람들을 모욕하며 하등동물로서 희화하는 극단적 예는 다음과 같다.

생물들의 서열 안에서 벨기에 사람의 자리를 지정하는 것은 어렵다. 그러나 단언컨대 그는 원숭이와 연체동물 가운데 분류되어야 한다. (전집 제2권, 845쪽)

아무리 높아봐야 원숭이 단계를 넘을 수 없는 벨기에 사람의 위상은 급기야 최하등급인 연체동물로 낮아진다. 게다가 '연체동물(mollusque)'은 프랑스어로 '얼간이'를 뜻하기도 하고, 라바르트(Patrick Labarthe)의 주장대로 자신의 집에 칩거하는 게으름뱅이를 의미하기도 한다.

보들레르는 이렇게 지적 능력이 떨어지는 벨기에 사람들과 인간적인 교류가 불가능하다고 주장한다. 어떤 때는 '아무것도 소화하지 못하는 반추동물'이었다가, 어떤 때는 이런 반추동물의 대표 격인 '황소(boeuf)'보다도 훨씬 열등한 '개구리(grenouille)'가 되기도 한다.

　　황소를 흉내 내려는 개구리 같은 국민들. (전집 제2권, 956쪽)

　　이런 라퐁텐식의 동물우화에 만족하지 못하고 보들레르
는 한 걸음 더 나아가 벨기에를 '괴물(monstre)'로까지 몰아간
다. 그리스 신화에서 자신의 아들을 잡아먹는 크로노스가 연
상되는 장면이 있다.

　　벨기에 사람들 술주정의 짐승처럼 야만적인 특성.
　　술 취한 아버지가 아들을 거세한다. (전집 제2권, 843쪽)

　　또는 문명국 프랑스에 인접한 나라로 프랑스어를 사용하
며 같은 가톨릭 국가이기도 한 벨기에의 미개함과 신성모독
을 꼬집는 대목도 있다.

　　나에게 벨기에 사람은 기독교도이면서 식인종인 남미의 부
　　족들을 생각나게 한다. (전집 제2권, 901쪽)

　　원숭이·연체동물·개구리 등에서 시작한 보들레르의 벨
기에 사람들에 대한 비하는 '괴물'이나 '식인종'을 거쳐 종국

에는 생물체도 아닌 '똥 묻은 막대기(le bâton merdeux)'에까지 이르게 된다. "그러므로 그 누가 똥 묻은 막대기에 손을 대려 하겠는가?(전집 제2권, 953쪽)"

'똥 묻은 막대기'라는 표현은 프랑스에 의한 벨기에 합병을 거론하는 『불쌍한 벨기에여!』의 21장에서 본격적으로 언급된다.

21. 프랑스와의 합병

합병은 벨기에인의 대화 주제다. 이것은 내가 2년 전 이곳에 도착하자마자 들었던 단어다. 벨기에인이 합병에 대해 하도 자주 말하다 보니, 프랑스 언론의 앵무새들도 이 단어를 되풀이할 수밖에. ─벨기에의 유력한 정당 하나가 합병을 갈망한다. 그러나 오산이다. 일단 프랑스가 동의해야 하니까. 벨기에는 어떤 멋진 아저씨의 목에 매달리며 "저를 입양해서 아버지가 되어 주세요!"라고 애걸하는 누더기 차림의 코홀리개인데─그 아저씨가 동의해야 말이지.

나는 합병에 반대한다. 예전에 합병된 보르도·알자스 등 골칫거리를 잊어버린 바보들이 프랑스에 많다.

그렇다고 옛날 아틸라처럼 약탈하고 침략하는 것을 반대하지 않으리. 아름다운 모든 것을 루브르궁에 가져다 놓을 수도 있으니까. 이 아름다운 것들은 벨기에보다 우리에게 더욱 잘

어울린다. 벨기에는 아름다움을 모르니까. —더욱이, 벨기에
부인들은 프랑스 속국 알제리 병사들과 손쉽게 사귀게 될 터
이다.

벨기에는 똥 묻은 막대기다. 그래서 이 나라는 불가침이 된
다. "벨기에를 건들지 마시오!"

약자들이 휘두르는 폭정에 관하여. 여자들과 동물들. 이것이
유럽의 여론 속에서 벨기에의 폭정을 구성한다.

벨기에는 강대국들 간의 경쟁으로 유지된다. 그러나 만약 경
쟁자들이 한패가 된다면! 이 경우에는, 무슨 일이 벌어질까?

(나머지는 미래의 프랑스인에게 주는 전망과 충고를 담은
맺음말을 참고할 것.)

사실 프랑스의 팽창주의와 이에 저항하는 벨기에의 합병
이라는 이슈는 당대 첨예한 정치 외교적 현황이었다. 이 점
은 보들레르가 같은 시기에 집필한 풍자시집 『우아한 벨기
에』 안에서도 찾아볼 수 있는데, 다음은 시 「벨기에의 불가
침성」의 전문(全文)이다.

"나를 건드리지 말라! 나는 불가침이다!"

벨기에가 말했다. —안됐지만 이는 너무나 명백한 사실이다.

벨기에를 건드린다? 무모한 일일 텐데,

사실 벨기에는 똥 묻은 막대기이기 때문이다. (전집 제2권, 971쪽)

IV. 풍속 연구의 예시:
제4장「풍속들. 여인들과 사랑」

보들레르는『불쌍한 벨기에여!』를 총 33개의 독립된 장(章)으로 구성하였다. 그 첫 번째 장은「전제(前提)들(Préliminaires)」이고, 마지막 장은 '미래. 프랑스인에게 주는 충고'라는 부제가 달려 있는「끝말(Épilogue)」이다.

이 책 전반(前半)을 주도하고 있는 것은 풍속 연구로서, 제2장부터 제13장까지의 그 목록은 다음의 표와 같다.

이 표를 근거로 하여 몇 가지 사항을 정리해 보자.

첫 번째로, 벨기에의 풍속을 다룬 책이지만 사실상 보들레르 자신의 망명지인 수도 브뤼셀에 국한하여 논의하고 있다는 사실이다. 브뤼셀을 제외한 벨기에의 나머지 지방 도시는 책 말미에서 극히 형식적으로 다루어진다. 제26장 「브뤼셀 인근의 풍경」을 필두로, 말린(Malines, 제27장), 안트베르펜(Anvers, 제28장), 나뮈르(Namur, 제29장), 리에주(Liège, 제30장), 겐트(Gand, 제31장), 브뤼헤(Bruges, 제32장) 순으로 일련의 도시 순례가 이어진다.

두 번째로, 제13장 「벨기에 사람들의 오락거리들」을 굳이 풍속 연구에 포함한 이유는, 벨기에의 특정 분야들을 본격적으로 다룬 후반부에 비해 풍습적인 요소가 두드러지기 때문

『불쌍한 벨기에여』 제4장 「풍속들. 여자들과 사랑」의 자필 초고.

이다. 제14~25장에 걸쳐서는 교육·언어·언론과 문단·종교·정치·외교·군대·국왕·미술·건축 등이 전문적으로 검토되고 있다.

세 번째로, 보들레르의 벨기에 풍속 연구 중에서도 특히 제4장 「풍속들. 여자들과 사랑」이 특히 이목을 끄는 것은 여성과 사랑이라는 범주가 다양한 문학적 논의를 가능하게 하기 때문이다.

보들레르의 메모집 제4장 「풍속들. 여자들과 사랑」 속에는 각각 부제가 붙어 있는 모두 9개의 메모가 들어 있다. 제

4장을 시작하는 메모 51은 기존에 작성되어 있던 메모 52에서 59까지를 보들레르가 정리한 '요약(sommaire)'이다. 후일 파리의 편집장들에게 보내기 위해 이 메모 51을 보완한 것이 「벨기에에 관한 책의 개요」 중 해당 부분인 메모 353이다. 피슈아는 플레이아드 판(版)을 위해 모든 장(章)의 '요약'들을 「개요」의 해당 부분으로 교체하고 있는데, 이는 보들레르의 검정(檢定)을 중시하기 때문이다.

이와 다르게 기요의 폴리오 판(版)의 각 장은 원래대로 '요약'으로 시작하고 있으며, 「개요」를 별도의 원고로 취급하여 따로 말미에 배치하고 있다. 시인이 직접 교정을 보고 손수 정서까지 해놓은 메모 353의 전문(全文)은 다음과 같은데, 논의의 편의를 위해 문단별로 번호를 부여하였다.

(1) 여자들도 없고 사랑도 없다. 왜 그럴까?

(2) 남자에게 은근함이 없듯, 여자에게 수줍음이 없다. 수줍음은 금지된 것이거나, 그 필요성을 느끼지 못한다. 플라망 여인, 또는 적어도 브라반트 여인의 일반적인 모습. (왈롱 여인은 잠시 미뤄두자.)

(3) 일반적인 외모는 양이나 숫양의 형상과 유사하다. ―미소를 짓지 못하는 것은 근육이 굳어져 있고, 이와 턱의 구조 때문이다.

(4) 보통은 안색이 창백한데, 때론 포도주 색이다. 머리털은 노랗다. 다리와 유방은 거대하고, 지방으로 가득 차 있다. 발은 끔찍하다!!!

(5) 조숙하고 기형적인 비만과 물컹한 살집을 흔히 볼 수 있는데, 이는 습한 공기와 그녀들의 식탐의 결과다.

(6) 여자들의 악취. 그 일화들.

(7) 벨기에 부인네들의 외설성. 변소와 길거리 구석들의 일화들.

(8) 사랑에 관해서는 옛 플라망 화가들의 쓰레기 같은 작품들을 참조할 것. 60대 노인들의 사랑. 이곳 사람들은 변한 게 없기에, 플라망 화가들은 여전히 현실감 있다.

(9) 여기에는 암컷들이 있다. 여자들은 없다.

(10) 벨기에의 매춘, 고급 매춘과 싸구려 매춘. 프랑스 매춘부들의 위조물들. 브뤼셀로 원정 온 프랑스 매춘부.

(11) 매춘 지불 규정의 발췌. (전집 제2권, 836~837쪽)

우선 현지 여성들의 외모를 언급하고 있어 관심 끄는 (3)과 (4)는 메모 52에서 추출한 것이다.

보통의 여자.

어릿광대의 코, 숫양의 이마, 양파껍질 모양의 눈꺼풀.

초점 없고 색깔 없는 눈들, 기괴하게 작은 입, 아니면 입이 없다고나 할까(말도 없고, 입맞춤도 없다!), 쑥 들어간 아래턱, 코끼리 다리에다가 평평한 발들(널빤지 위의 대들보 같다).

라일락 색깔의 안색, 게다가 머리를 젖히고 가슴을 내미는 비둘기와 같은 거만한 거동. (전집 제2권, 837쪽)

위 인용문은 세밀한 묘사에 주안점을 두는 블라종(blason)을 방불케 한다. 신체 각 부위의 열거 중에서 두드러지는 것은 '숫양의 이마' '코끼리 다리' '비둘기의 가슴 내밀기' 등 동물에 빗대서 여성을 그리고 있다는 점이다. 또 너무도 작은 입을 '입의 부재'라고 표현했는데, 말이 통하지 않는다거나 키스를 할 수 없다는 것은 사랑을 갈구하는 시인에게 있어 치명적인 결여 사항이었을 것이다.

(2)에서 밝혔듯이 여자란 네덜란드계의 플라망 지역이나, 범위를 좁혀서 브라반트주, 더 엄밀하게는 브뤼셀의 여성을 일컫는다. 이렇듯 최종 메모 353과 그 원안이었던 메모 52의 공통점으로 현지 여성의 외모를 재구성해본다면 숫양의 이마, 쑥 들어간 아래턱, 불그스름한 안색, 두꺼운 다리, 비둘기같이 앞으로 나온 가슴 등으로 요약된다.

한편 고약한 체취를 언급하고 있는 (6)은 메모 53과 관련이 있다. '여성들의 악취'는 '거리에서 만난 여인들'의 '발들·

장딴지들·악취'와 연계하여 장딴지와 발 냄새로 귀결된다. 이런 악취뿐만 아니라 여자들을 거리에서 마주치게 될 때의 난감함에 대해서도 메모 53은 다루고 있다.

> 만약 당신이 여자에게 길을 양보하려고 보도에서 내려온다면, 그녀 역시 당신과 동시에 보도에서 내려와 서로 몸을 부딪치게 된다. 남자에게 길을 내어주는 데 익숙한 그녀는 속으로 고마워는 하지만, 당신을 대놓고 버릇없는 사람 취급한다. (전집 제2권, 837쪽)

이렇듯 브뤼셀 길거리에서 마주치는 여성들에게 파리에서처럼 예의 바르게 길을 양보했다가 낭패를 당한 일화를 소개하고 있다.

그다음에 이어질 법한 에피소드는 메모 57에서 발견된다.

> 길을 묻는 남자에게 젊은 아가씨는 깔깔대고 웃거나, 또는 그에게 Gott for dam!……, 라고 내뱉는다. (전집 제2권, 839쪽)

원어 부분의 정확한 표기는 Got Fredom이다. Dieu me damne!(세상에 이럴 수가!)라는 뜻으로, 기요의 지적대로 당시 벨기에에서 흔히 쓰이던 신성모독적인 욕설이다. 여기서 보들레르는 젊은 아가씨의 조신하지 못한 언행을 꼬집고 있다.

축축한 공기와 폭식 습관으로 인한 조숙한 비만을 '물컹한 살집'이라고 표현하고 있는 (5)는 메모 54와 연관이 있다.

여자들은 안짱걸음으로 걷는다. 평평하고 퉁퉁한 발.

여자들의 퉁퉁한 팔, 퉁퉁한 가슴, 퉁퉁한 장딴지.

물렁거리지만 힘이 있다. (전집 제2권, 838쪽)

이곳 여성들의 지방질 몸이 빨리 성장한다는 주장을 메모 55에서는 브뤼셀의 늪지대에서 무성하게 자라는 채소로 형상화하고 있다.

젊은 여자의 풍만함과 조숙함. 지방질의 조숙함.

질퍽한 토양에서 재배되는 채소들. (전집 제2권, 838쪽)

특히 메모 55는 최종 메모 353과 여러 부분에서 겹치고 있다. 우선 브뤼셀 남녀의 풍기(風紀)를 대상으로 다룬 (2)와 동일한 부분을 살펴보자.

남성은 남성끼리 여성은 여성끼리만 어울린다.

남자는 여성을 대할 때 은근함이 없다.

여자에게는 애교도, 빼는 맛도, 수줍음도 없다. (전집 제2권, 838쪽)

이 두 텍스트는 공통적으로 브뤼셀 남자들에게는 여성을 대할 때 '은근한 태도(galanterie)'가 없다고 단정하고 있다. 메모 59에서 보들레르는 프랑스 신사 에티켓의 근간을 이루는 "갈랑트리는 상당 부분 프랑스 어머니가 자기 아들에게 행하는 교육 안에 들어 있다는 내 말을 벨기에 남자는 결코 이해하려 들지 않았다(전집 제2권, 840쪽)"라고 일갈하고 있다.

그러나 메모 55와 메모 353의 차이는 여성에 대한 관점에서 드러난다. 메모 55에서는 갈랑트리의 상대어인 '교태부리기(coquetterie)'에서 시작해 여성의 신중함의 표현인 '저항하는 맛(résistance)'를 거친 다음, '수줍음(pudeur)'까지 순차로 여자들의 몸가짐 단계를 보여주고 있다.

이어지는 메모 56에서는 여성의 정숙함을 드러내 보여주는 부끄러움의 부재에 대해, "수줍음은 파리로부터 수입되지 않은 품목이다(전집 제2권, 839쪽)"라고 비웃고 있을 정도다. 이와는 반대로 최종 메모의 (2)는 정숙함의 마지막 단계인 '수줍음'만을 제시하고 있는데, 그것마저도 별 필요성이 없는 것으로 간단히 치부해 버린다.

이렇듯 이성 앞에서 전혀 삼가는 것이 없는 브뤼셀 여인들의 태도는 화장실 문제에서 극에 달한다. 메모 55에서 "대중을 위한 화장실이 없다"라고 제시되고, 최종 메모 353의 (7)에서는 여자들이 거리 구석에서 용변을 보는 일화들이 언급된다. 그런데 이런 길거리 변소 장면을 본격적으로 다루는 것은 메모 58이다.

여성에 대한 남자의 은근함이 없고,

여인에게는 수줍음이 없다.

벨기에 여자.

벨기에 부인네들의 오줌 누기와 똥 싸기.

벨기에 엄마는 변기 위에 올라 앉아(문을 열어 놓은 채로), 자기 아이와 놀거나 옆 사람에게 미소 짓는다.

옛날 그림들에서 발견되는 배설물에 대한 엄청난 사랑. 이 화가들이 그렸던 것은 분명 그들의 조국이었다.

좁은 길에서 벨기에 부인네 여섯이 오줌을 싸는데, 모두들 잘 차려입고 있다. 어떤 이들은 서서 통로를 막고 있고 다른 이들은 쭈그리고 앉아 있다.

벨기에 여자들의 청결함. 거리에서조차 벨기에 부인네의 악취를 피하기란 쉽지 않은 일. 젊은 여자도 마찬가지다. (전집 제2권, 839쪽)

이렇듯이 브뤼셀 여자들에게서 정숙함을 볼 수 없었던 보들레르는 급기야 최종 메모의 (9)에서 메모 56과 같이 "이곳에는 여자는 없고, 암컷들만 있다"라고 결론짓는다. (1)에서 "여자들이 없고 사랑도 없다"라고 전제한 후, (2)~(8)을 거치면서 자연스레 "여자들 대신에, 암컷들이 있다"는 결론에 다다른 것이다. 4장의 부제 '여자들과 사랑'을 부정적으로 반복하고 있는 (1)에서부터 (9)의 '암컷'까지 이르는 논리 전개 과정에서 보들레르 풍자의 신랄함이 적나라하게 드러나 있다.

최종 메모 353의 말미에 추신처럼 붙어 있는 (10)과 (11)의 공통 모티브는 '매춘(prostitution)'으로, 사랑도 없고 여자도 없다는 이곳 상황에서의 보들레르적 대안으로 여겨진다. 메모 55의 끝부분에서도 같은 주제를 다루고 있다.

프랑스 여자들 몇몇이—첩살이를 하는데 매우 안됐다—매춘 지불 규정 안에 있는 기묘한 내용들을 적어두자. (전집 제2권, 838쪽)

제4장의 요약 구실을 하는 메모 51 안에서는 아주 간단히 "벨기에의 매춘"과 "규정의 발췌(기요 폴리오 판, 161쪽)"라고만 되어 있다. 그러나 파리의 편집인들에게 보내기 위해 수정하

고 손수 정서한 최종 메모 353에는 "고급 매춘과 싸구려 매춘. 프랑스 매춘부들의 위조물들. 브뤼셀로 원정 온 프랑스 매춘부"라고 상술하고 있으며, "지불 규정의 발췌"에 "매춘에 관하여(전집 제2권, 837쪽)"라는 부연 설명을 덧붙여 그 의미를 분명히 밝히고 있다. 이 대목으로 인해 당시에 프랑스 매춘부들이 브뤼셀에서 활동하고 있었다는 점과 아울러 매춘 시 다양한 지불 요금이 책정되어 있었다는 사실을 알 수 있다.

아래 인용문은 벨기에 풍속 연구의 표본으로 살펴본 '여성과 사랑'을 주제로 한 제4장에 관한 보들레르의 총평으로 간주해도 무방하겠다. 예술을 매춘으로(전집 제1권, 649쪽)는 물론 "영혼의 성스러운 매춘(전집 제1권, 291쪽)"이라고 정의한 바 있는 시인이기에, 메모 57에서처럼 예술이나 영혼이 없는 브뤼셀에서의 사랑을 "순전히 동물적인 체조"라고 무시한 것이다.

사랑의 부재가 눈에 띈다.
이곳에서 사랑이라 불리는 것은 내가 독자에게 묘사할 필요도 없는 순전히 동물적인 체조이다. (전집 제2권, 839쪽)

V. 보들레르 풍자의 두 방향:
'관례주의'와 '순응 정신' 비판

  보들레르가 애초에 쓰고자 했던 것은 벨기에 미술에 관한 책이었는데, 현지 생활을 겪으면서 분노에 찬 풍자서로 변모하였다.

  그가 '원숭이들의 수도'인 브뤼셀에 도착해 '그랑 미루아르' 호텔에 투숙한 것은 1864년 4월 24일이었다. 조국 프랑스가 비열하다며 복수라도 하듯이 벨기에 국경을 넘었지만 이곳의 실상은 보들레르의 기대에 크게 못 미쳤다. 그해 10월 자신의 법정 후견인 앙셀에게 보낸 편지에는 이런 심경이 드러난다.

그래서 이곳 사람들에게 맞추려면 상스러워야 한다. ―얼마나 많은 어중이떠중이들이 있는지!―프랑스는 절대적으로 야만적인 나라라고 믿었던 내가 프랑스 보다 더 야만적인 나라가 있다는 것을 인정해야 하다니!

그는 프랑스보다 더 '야만적인(barbare)' 나라 벨기에와 그 '상스러운(grossier)' 국민을 증오하게 된다. 브뤼셀에 정착한 후 보낸 두 통의 편지, 즉 1864년 7월 31일자 모친 오픽 부인에게 보낸 서간과 같은 해 11월 13일에 앙셀에게 보낸 서간을 함께 대조해 읽어보면 다음의 결론에 다다르게 된다. 첫 번째로 보들레르는 후일 책을 써서 프랑스에 대해 복수할 계획을 가지고 있다. 두 번째로는 이 계획의 예행연습으로 벨기에에 대한 책을 목하 진행 중이다. 세 번째로 자신이 품고 있는 인간에 대한 혐오감들이 이 두 권의 책 안에 남김없이 기술되리라는 점이다. 이렇듯 벨기에→프랑스→인류의 세 단계로 점차 확장되어가는 증오의 기저에는 진보의 시대라는 19세기가 드러내 보여주는 당대의 지적 어리석음에 대한 보들레르의 비판이 깔려 있다.

프랑스를 피해 벨기에로 건너왔지만 그를 둘러싼 상황은 한층 더 나빠지는데, 이는 벨기에가 프랑스를 그대로 '위조(contrefaçon)'하고 있기 때문이다. 한마디로 말해서 벨기에는

브뤼셀 중심을 관통해 흐르던 센(Senne)강.

프랑스의 모조품이라는 것이다.

> 벨기에의 어리석음은 프랑스의 어리석음을 세제곱한 거대
> 한 위조품이다. (전집 제2권, 899쪽)

프랑스의 단점마저도 이곳 벨기에에서는 더욱 과장되
어 나타난다. 하다못해 파리에 센(Seine)강이 있듯이 브뤼셀
에도 센(Senne)강이 흐른다. 보들레르는 이 작은 강을 '모조
(模造)-스틱스 강'이라 불렀는데, 지옥을 휘감아 흐르는 신
화 속 죽음의 강 스틱스를 빗대는 것이다. '원숭이'인 벨기에
사람들이 일삼는 것은 '위조'로서, 그 생리란 다름 아닌 시

속(時俗)을 맹목적으로 따라 하는 '관례주의(conformisme)'로 나타난다. "관례적이지 않은 것, 그건 큰 죄악이다(N'être pas conforme, c'est le grand crime)(전집 제2권, 865쪽)"라며 브뤼셀의 풍속을 비꼬고 있다. 다음의 예시들은 이런 벨기에 사람의 모습이다.

국왕이 자신의 모자를 솔질하면, 수백만의 사내들이 따라서 자기들의 모자를 솔질한다. (전집 제2권, 860쪽)

국가적인 편집증. 난 어린 소녀들이 작은 걸레를 들고 꼬박 몇 시간이고 보도의 한귀퉁이를 문질러 닦는 것을 보았다. (전집 제2권, 824쪽)

한순간이라도 자신만의 독특한 기발함을 잃지 않았던 보들레르는 벨기에 국민이 보여주는 집단적인 모방증을 견디기 어려워했다. 벨기에 사람들이 행하는 '원숭이 짓거리(singerie)'는 당연히 우스꽝스러운 모방으로 나타나는데, 이는 고유의 정신·생각·영혼·감정도 없이 남을 흉내 내는 데 급급한 이들의 관례주의에서 비롯된다는 것이다.

이런 관례주의에 버금가는 것으로 보들레르가 파악한 벨기에 사람들의 또 다른 특질은 '패거리 짓기(en bande)'다. 주명종의 기계음에 맞춰 무리 지어서만 기쁨을 표현하는 자동 인형 같은 벨기에 사람의 행태는 여러 곳에서 발견된다.

벨기에 사람들은—남자, 여자, 청년, 처녀 할 것 없이—즐길 때나 생각할 때나 언제든 기숙학교 생도들과 비슷하다.
여자들마저 무리를 지어서 오줌을 눈다. 베로알드가 말하듯이, 그녀들은 공동변소에 간다.
술판을 벌인 한 무리의 브뤼셀 부인네들과 나의 싸움. (전집 제2권, 858쪽)

소변을 볼 때도 무리를 짓는 이들은 남녀노소가 끼리끼리 팔짱을 끼고 거리를 돌아다닌다. 위의 메모는 팔짱 끼기 풍속과 더불어 시인 자신이 일단의 여인네로부터 공격당했을 때 불붙은 시가를 휘두르며 달아났던 일화를 소개하고 있다.
'패거리 짓기' 의식(意識)은 '모든 종류의 단체들'에 의해 구체적으로 표출된다.

단체를 좋아하는 벨기에 사람들 (…)
결국 이것은 개인이 혼자 울고, 기도하고, 즐기는 게 불가능하다는 것을 드러낸다.
어리석은 봉건제도의 오래된 잔재들: 서약들, 계보들, 동업

조합들, 조합 간부들, 종족들, 직종들. (전집 제2권, 858쪽)

　그 기원이 길드와 같은 중세 봉건제도까지 거슬러 올라간
다는 이 나라 사람들의 패거리 짓는 습속의 원인을 보들레
르는 두 가지로 진단하고 있다. 하나는 '게으름(paresse)'이고,
또 다른 하나는 복종하는 '순응 정신(conformité)'이다.

　벨기에 국민보다 더 순응하기 위해 만들어진 국민은 없다.
　이들은 하나의 의견을 찾아내려고 단체를 조직한다. 자신과
맞지 않는 의견을 가진 사람들에 대해서 벨기에 사람만큼 놀
라고 경멸감을 느끼는 이들은 없다.
　—벨기에 사람들의 복종심과 게으름의 증거. (전집 제2권,
859쪽)

　보들레르는 벨기에 사람들의 유별난 '패거리 짓기'를 통
해서, '단체' 속에 스며들어 있는 개인들의 '복종심(l'esprit
d'obéissance)'뿐만 아니라, 다 함께 생각한다는 구실로 개인은
전혀 생각하려 들지 않는 '게으른 천성'의 발현을 본 것이다.
　결국 벨기에에 대한 보들레르의 풍자는 두 개의 방향성을
보여주고 있는데, 그 하나는 '원숭이 짓거리'→'모방과 위조'
→'관례주의'의 흐름이다. 운문시집 『우아한 벨기에』 중의

시 「관례에 따르는 정신(L'esprit conforme II)」은 이런 모방심리의 극단적인 예를 보여주고 있다.

맹세코 벨기에 사람들은
극도로 모방을 한다.
만약에 그들이 매독에 걸린다면,
이는 프랑스인들을 닮기 위해서다. (전집 제2권, 972쪽)

또 다른 하나는 '패거리 짓기'→'단체'→'순응 정신(conformité)'의 가닥이다. 같은 시집 안의 「복종의 정신(L'esprit conforme I)」은 자신이 속한 무리를 맹종하는 벨기에인의 일화를 다루고 있다.

투르네 출신의 얼간이가 내게 말했다.
"선생, 내가 당신보다 머리를 더 잘 쓰는 거야.
순종하니까
나는 걱정 없이 마냥 즐겁지.

복종의 정신을 택함으로
모든 관능과 쾌락과 권태를
다 포기했소." (전집 제2권, 972쪽)

전자가 프랑스의 단점까지 따라 하는 대외적인 모방하기를 비판하는 것이라면, 후자는 국내적으로 수많은 무리 짓기로 인해 결국 나라 전체가 분열되는 양상을 조롱하는 것이다.

VI. 『벨기에 기행』의 제목 선정과
문학적 의의

  보들레르의 '벨기에에 관한 책'은 그의 생전에 제목이
정해지지 않았다. 자크 크레페로부터 클로드 피슈아에 이
르는 보들레르 연구 전통에 따라 '불쌍한 벨기에여!(Pauvre
Belgique!)'라고 부르기도 하고, 앙드레 기요가 제안하는 '옷이
벗겨진 벨기에(La Belgique déshabillée)'라고 불리기도 한다. 시
인이 생전에 가장 빈번히 사용한 것이 전자라면, 후자는 가
장 나중에 제목으로 고려된 것이다. 보들레르의 서간들을 기
반으로 해서 이 책의 제목 변천사를 세 단계로 정리해보면,
① 1864년 6~9월 '벨기에에서 보낸 편지', ② 1864년 9월
~1865년 8월 '불쌍한 벨기에여!', ③ 1865년 말~1866년 초

'옷이 벗겨진 벨기에' 순이다.

보들레르는 메모 3에서 '벨기에(Belgique)'와 '수도(Capitale)'라는 2개의 범주 아래 각각 4개씩, 모두 8개의 제목을 제시하고 있다(전집 제2권, 820쪽). 이렇듯 보들레르가 벨기에라는 나라 이름과 수도를 가리키는 브뤼셀 둘 사이에서 망설였던 것은 분명하다. 그가 벨기에라고 언급할 때 대부분은 자신의 망명지인 브뤼셀을 지칭하는 것도 사실이다. 그러나 '벨기에' 세 번과 '수도' 두 번이 등장하는 「벨기에에 관한 책의 개요」의 '제목 선정([부록 2] 서두 참조)'에서 보는 바와 같이, 시인은 이 나라의 다른 도시도 포함할 수 있도록 더 넓은 범위의 국가명 '벨기에'를 선호하고 있는 듯하다.

'벨기에'와 '수도' 관련 제목들

메모 3의 벨기에 주제들	「개요」의 제목	메모 3의 수도 주제들	「개요」의 제목
기이한 벨기에	×	조롱의 수도	○
진짜 벨기에	○	기이한 수도	×
맨살을 드러낸 벨기에	○	원숭이들의 수도 La Capitale des Singes	×
옷이 벗겨진 벨기에	○	원숭이들의 수도 Une capitale de Singes	○

제목 선정 가능성을 다각도로 열어둠으로써 자신의 책의 다양한 측면을 부각하려 했던 메모 3과, 예비 제목 5개만을 선별해 놓은 「개요」 모두(冒頭)의 '제목 선정' 항목을 대비해 보여주는 표를 통해 세 가지 사실을 알 수 있다.

첫 번째로 '그로테스크'가 들어 있는 '기이한 벨기에'와 '기이한 수도'는 모두 제외되었다. 두 번째로 '원숭이들의 수도'에서 정관사를 쓴 *La capitale des singes* 대신에 부정관사가 붙은 *Une capitale de singes*를 채택하고 있다. 세 번째이자 가장 중요한 사실은 '옷이 벗겨진 벨기에'는 메모 3과 「개요」 두 곳 모두에서 등장하는 데 비해, '불쌍한 벨기에여!'는 그 어디에서도 찾아볼 수 없다는 점이다.

보들레르가 책 제목으로 그동안 자주 언급해 왔던 '불쌍한 벨기에여!'를 포기한 이유는 무엇인가? 1865년 9월 브뤼셀에서 출간된 오귀스트 로자르(Auguste Rogeard)의 나폴레옹 3세를 비난하는 소책자 『불쌍한 프랑스』 때문이라는 것이 기요의 주장이다. 유사한 제목의 책이 갑자기 등장함으로써 '불쌍한 벨기에여!'는 이미 독창적인 기발함을 잃은 반면, '옷이 벗겨진 벨기에'는 겉치장을 제거하고 속내를 드러내 보여주는 폭로성으로 인해 적합한 제목이라는 것이 주장의 요지이다.

이렇듯이 후발(後發)인 기요의 주장이 더 논리적인데도 전통적인 제목 '불쌍한 벨기에여!'를 고수하는 것은, 후대 독자들에게 보들레르 문학의 그 어떤 함의도 지니지 못하는『불쌍한 프랑스』때문에 보들레르가 장기간 선호하던 '불쌍한 벨기에여!'를 포기할 수 없기 때문이다. 게다가 '옷이 벗겨진 벨기에'는 시인의 익히 알려진 또 다른 비망록『벌거벗은 내 마음』과 의미장이 겹쳐져 그 아류로 보일 우려마저 있다.

생애 마지막 2년을 보내게 되는 브뤼셀에서 보들레르는 걸작 시편들을 창작하지 못했지만 이 시기에『불쌍한 벨기에여!』의 초안을 쓰고 있었다. 체류 초반에 겪은 어려움과 절망 속에서 구상된 '벨기에에서 보낸 편지'는 점차 그 주제들이 다양화되면서 메모들이 늘어나 자연스레 책 한 권 분량이 되었다. 이것은 분노에 찬 독설이 여과 없이 담겨 있는 메모 모음집으로, 신문기사 등의 방대한 관련 자료를 포함하여 360쪽이 넘는다. 망명지에서 경제적·사회적 여건이 나빠질수록 이 나라에 대한 보들레르의 원한과 복수심은 타올랐다. 벨기에 국민 전체를 조롱하고 있는 내용으로 인해 이 풍자서는 자신이 벨기에를 떠나서야 비로소 출간을 고려해 볼 정도였다.

하지만 보들레르의 이런 무례한 비판이 일정 부분 정당성을 갖는 것은 그가 프랑스로부터 피해 달아났던 극도의 물질주의에 벨기에가 매몰되어 있었기 때문이다. 문학과 예술을 통한 정신의 고양을 도외시한 채 오로지 산업기술의 발전과 물질적 번영만을 추구하는 세태를 그는 서슴없이 질타한다. 이 밖에 『불쌍한 벨기에여!』 안에서 주된 비판의 대상은 진보사상·반교권주의·무신론 등의 주제였다.

벨기에 망명의 생생한 기록이자 아쉬운 미완의 책 『벨기에 기행』에서 보들레르는 벨기에 사람을 '원숭이' '연체동물'에 이어 '똥 묻은 막대기'로 단계를 점진적으로 낮추어 가며 폄하하고 있다. '똥 묻은 막대기'란 당시 합병을 꿈꾸는 프랑스의 시각에서 이에 저항하는 신생국 벨기에를 비유적으로 표현한 것이다. 당시 현지의 풍속 연구의 본보기로 살펴본 제4장 「풍속들. 여자들과 사랑」을 중심으로, 기존의 메모들을 활용해 각 장(章)의 '요약'을 쓰고, 후일 이것들을 모아 수정, 정서한 출판 계획서 「벨기에에 관한 책의 개요」를 작성하는 집필 과정의 논리 전개를 추적함으로써 통렬한 풍자속에 가려져 있는 보들레르의 섬세한 문학성을 파악할 수 있었다.

보들레르의 벨기에 비판, 확대해서 말하자면 현대문명 비평의 흐름은 두 갈래로 보인다. 하나는 프랑스의 나쁜 점까지 '위조'하고 원숭이처럼 '모방'해내는 벨기에 사람들의 '관례주의(conformisme)'이고, 또 다른 하나는 작당 짓기를 통해 수많은 '단체들'을 양산해내며 패거리 논리에 맹목적으로 '복종'하는 '순응주의(conformité)'다. 이어서 오랜 보들레르 연구 전통에 따라 사용돼왔던 기존의 서명(書名) '불쌍한 벨기에여!'와 책의 제목으로 새롭게 제시되는 '옷이 벗겨진 벨기에'의 적합성을 검토하였다.

한 국가와 국민 전체를 냉혹하게 비판하는 보들레르를 두고 19세기 중엽의 진보적인 시대정신에 홀로 맞서는 자신만의 고정관념에 사로잡힌 늙고 병든 시인이라 치부할 수도 있다. 작은 것을 과장하며 매사를 일반화하는 실수를 범했다고도 볼 수 있다. 이런 그의 태도에 당연히 벨기에 사람들은 명예훼손을 당했다고 느낄 것이다. 벨기에인 퀴넬은 이미 1912년에 다음과 같이 입장을 밝히고 있다.

개인적인 기억이 없더라도, 조금만 역사를 참조해보거나 벨기에의 삶 특히 1865년경의 브뤼셀의 생활상을 알고 있는 사람에게 물어만 봐도, 보들레르가 내린 평가와 그의 단언들의 진위를 쉽게 판단하고 가려낼 수 있다. 그런데 지금 그게 무슨 소용인가? (『벨기에에서의 보들레르』, 35쪽)

그런데 보들레르의 풍속 비판의 진위 여부를 차치하더라

도『불쌍한 벨기에여!』는 오늘날에도 여전히 시의성을 띠고 있음에 주목해야 한다. 이 책에서 그가 적시하고 있는 빈약한 정신, 인색한 풍습, 모방을 통한 이익 추구 등은 보들레르 당시의 벨기에에만 국한된 것이 아니라, 현대문명 전반에 걸쳐 끊임없이 부각되는 부정적 요소들이기 때문이다. 이렇듯 『불쌍한 벨기에여!』는 보들레르라는 예리한 정신이 빚어낸 풍자문학의 한 전형을 보여주고 있다.

VII. 운문시집 『우아한 벨기에』

    1857년 『악의 꽃』은 풍기문란으로 기소되는 불운을 겪게
된다. 보들레르는 작품을 대폭 수정 보완하여 4년 만에 재판
(再版)을 냄으로써 가까스로 그 악몽에서 벗어날 수 있었다.
그러나 불행은 멈추지 않아 이때부터 그의 삶은 급격히 내
리막길을 치닫게 된다. 오랜 지병인 매독이 악화되고, 문단
의 압력으로 아카데미 프랑세즈 입후보를 자진 사퇴해야 했
으며, 무엇보다도 눈덩이처럼 늘어만 가는 부채가 그의 목
을 죄어오고 있었다. 급기야 상황에 떠밀린 보들레르는 프랑
스인의 왕래가 빈번했던 인접국 벨기에로 자진 망명의 길을
떠난다.

지금은 사라진 '그랑 미루아르(큰 거울)' 호텔의 안뜰. 보들레르의 브뤼셀 숙소였다.

1864년 4월 24일 그는 당시 신생 독립국이었던 벨기에 왕국의 수도 브뤼셀에 도착해, '그랑 미루아르' 호텔에 여장을 풀었다. 당초 2개월 남짓 머물 예정이었으나, 체류는 2년 넘게 길어지고 만다. 브뤼셀의 '예술과 문학 서클'에서 강연을 하기 위함이었지만, 실은 작품 전집을 맡아 간행해줄 새로운 출판사를 섭외해 목돈을 챙길 요량이었다. 빅토르 위고가 나폴레옹 3세와 대립하여 추방당한 이후 벨기에에서 『레 미제라블』을 출판하여 대박을 냈다는 사실에 보들레르도 한층 고무되어 있었다. 하지만 다섯 차례의 공개 강연회가 실패로 끝나고 출판권 교섭마저도 성사되지 못하자, 이국에서 보들레르의 실망과 좌절은 극에 달하게 된다.

이 무렵부터 보들레르는 풍자적 성격의 책『벨기에 기행』을 펴내기 위해서 본격적으로 현지 신문들을 스크랩하고, 틈틈이 떠오르는 기발한 아이디어를 메모하기 시작한다. 이 미완의 원고는 1952년에 가서야 자크 크레페가 편찬한『보들레르 전집』의 마지막 권에『불쌍한 벨기에여!』라는 제목을 달고 그 전모를 드러낸다. 총 33개의 장은 브뤼셀의 거리·여자·언론·문단·정치·국왕·미술·건축·종교·지방 등 다양한 현지 풍속을 망라하고 있다. 벨기에라는 나라와 그 국민을 공개적으로 모욕하는 내용으로 인해, 본인이 벨기에를 떠난 다음에야 출판할 수 있겠다고 보들레르가 자평할 정도였다.

[부록 1]에 번역 소개하는 풍자시집『우아한 벨기에 (*Amoenitates belgicae*)』는『불쌍한 벨기에여!』의 메모들을 보들레르가 운문으로 다시 고쳐 쓴 것이다. '우아함'에 숨겨 있는 프랑스문학 전통의 반어(反語)적 의미는 '욕지거리'이다. 1925년에야 23개 시편을 한데 묶어 처음 출간되었는데, 그 중 첫 번째 시「벨기에의 비너스」단 한 편만이 시인 생전인 1866년에 발표된 바 있다.

벨기에는 19세기 초 나폴레옹전쟁의 수습책으로 유럽 열강에 의해 네덜란드와 합병되었다가, 이후 혁명을 통해 네덜란드로부터 독립하여 1831년 탄생한 신생국이다. 정치적으로는 그 어떤 나라도 넘볼 수 없는 중립국이며, 비록 경제적으로 산업이 발달한 작은 선진 공업국이지만, 문화적·사회적으로는 같은 언어를 쓰는 프랑스에 매우 경도되어 있었다. 게다가 루이 나폴레옹의 쿠데타 이후 프랑스의 공화파들이 대거 망명해 오면서부터 브뤼셀은 지적 활동의 본거지가 되었다. 보들레르는 당대 프랑스의 시대정신인 진보나 공화주의, 부르주아의 속물적 물질주의에 적대적이었다. 이를 타국에서 고스란히 다시 접하니 더욱 격노해 벨기에 민족 전체를 증오하게 된다. 그 결과인 과장되고 왜곡된 사적 기록이 미완의 여행기 『불쌍한 벨기에여!』이며, 풍자시집 『우아한 벨기에』다. 이 작품들은 벨기에 망명 시절, 코너에 몰려 더할 나위 없이 피폐해진 천재의 정신적 초상인 셈이다.

특히 시집 『우아한 벨기에』에서 벨기에 사람들에 관한 보들레르의 냉소적 조롱의 핵심은 두 편의 시 「복종의 정신」과 「관례에 따르는 정신」 안에 집약되어 있다. '순종'하며 매사에 타인을 따르는 노예근성과, 남이 매독에 걸리면 이마저도 '모방'한다는 부화뇌동에 대해 특유의 독설을 퍼붓고 있다. 이런 비판은 정신적 귀족주의를 추앙하는 보들레르에게는 너무도 당연했다. 산업기술에 근거한 근대문명, 우민(愚民) 정치 수준에 머물던 공화주의, 종교화되어버린 물질문명 등은 보들레르가 언젠가 쓰고자 작심하고 있었던 프랑스 문명 비판서와 궤를 같이하고 있다. 결국 보들레르의 예리한 비평은 단지 19세기 중엽의 벨기에나 프랑스에 국한된 것이 아니라, 현대의 물질문명 전체에 던지는 통렬한 경고장이었다.

보들레르는 1866년 2월부터 급격히 건강이 나빠졌으며, 3월 15일에는 벨기에의 지방 도시 나뮈르를 방문하던 중 졸도하여 반신불수와 실어증 증세를 보였다. 7월에 파리로 이송되어 요양원에 입원하였고, 이듬해 8월 31일 길지 않은 생을 마감하였다. 현재 파리 몽파르나스 묘지에 안장된 보들레르, 시인의 무덤을 찾아오는 그 어떤 벨기에 사람도 침을 뱉지는 않는다.

VIII. 풍자 문학의 절정, 미완의 산문집
『불쌍한 벨기에여!』

프랑스를 대표하는 위대한 시인 보들레르의 생애를 구분해 볼 때, 브뤼셀 체류 시기는 그의 말년에 해당한다. 1864년 4월 24일 시인은 자신에게 등을 돌린 고국 프랑스를 떠나 기차 편으로 이웃 벨기에의 수도 브뤼셀에 도착한다. 『악의 꽃』 필화 사건과 세간의 조롱 속에 어쩔 수 없이 아카데미 프랑세즈 입후보를 철회한 후 자국 내에서는 꽉 막혀버린 문학적 돌파구를 찾아 나선 것이었다.

나폴레옹 3세에 의해 추방당한 공화파의 거두 빅토르 위고의 불세출 명작 『레미제라블』을 브뤼셀에서 출판하여 공전의 히트를 친 출판사를 찾아갔다. 출판 교섭은 이내 결렬

『불쌍한 벨기에여』의 보들레르 자필 원고 한 쪽.

되고 말았지만, 한두 달이라 예상하며 전지훈련처럼 떠난 객지 생활은 2년 넘게 연장되었다. 그사이 나빠진 건강에도 불구하고 나뮈르 성당을 찾아 예술품을 감상하던 중 졸도하여 실어증과 반신불수가 되었고, 달려온 모친에 의해 다시 파리로 이송된 이듬해 한 많은 세상을 등지게 된다.

사실 시인은 창작 에너지의 고갈을 이미 느끼고 있었고, 벨기에 체류 시기의 작품 활동 역시 매우 미약했다. 사후 출간된 산문시집 『파리의 우울』에 들어간 산문시 몇 편을 제외한다면 벨기에 풍자기행문 초고가 거의 전부라고 할 수 있겠다.

출판사 교섭 좌절과 몇 차례의 강연 실패 이후 보들레르는 벨기에에 실망한 채 원한에 찬 자발적 망명의 삶을 이어가게 된다. 정신적 귀족주의 댄디즘의 신봉자인 그는 진보사상이라든가 민주주의 제도 등에 대해서 파리 시절부터 부정적이었고, 프랑스 제2 제정이 추방한 자유 사상가들이 대거 몰려들어 조성된 브뤼셀의 지적 분위기는 그를 다시금 분노케 했다. 이때부터 그는 벨기에를 증오하는 책을 쓸 계획을 하게 되는데, 이는 오래전부터 염두에 두고 있던 조국 프랑스와 인류 전체에 대한 비판서 집필의 준비 단계처럼 여긴 것이다.

그래서 파리의 유력지 「르 피가로」에 자신이 현지에서 받은 인상과 실제 체험으로 「벨기에에서 보낸 편지」라는 칼럼을 연재하겠다는 의도를 가지고 그는 벨기에 물정을 살펴 메모하고 신문을 스크랩하는 등 취재 생활을 시작했다. 이 때문에 프랑스 당국의 '밀정'으로 오해받는 해프닝도 있었다. 이렇게 모아진 자료는 점점 증가하여 풍속·교육·언어·언론·종교·정치·외교·국방·미술·건축·지방 등 총 33개의 세분된 장(章)으로 분류되기에 이른다.

벨기에 풍자 기행을 본격적으로 집필하기 전에 지면을 얻기 위해 파리에 있는 잡지사에 투고한 것이 [부록 2]에 번역 소개하는『불쌍한 벨기에여!』의「개요」다. 우리는 수많은 메모 더미 틈에서 풍자서의 일관된 논거를 세우려고 애를 쓰는 보들레르를 볼 수 있다.

한편 당시의 벨기에는 나폴레옹전쟁 이후 열강들의 타협책으로 급조된 중립국으로, 작은 나라이지만 경제적으로는 선진 공업국의 물질만능주의가 팽배하였다. 사회문화적으로는 부정확한 프랑스어를 국어로 사용하는 프랑스의 아류처럼 보이기도 했다. 이런 모순들로 인해서 벨기에는 주변의 관심과 칭송을 받는 동시에 조롱의 대상이었다.

게다가 국내적으로는 북부의 네덜란드계인 플라망 지역과 남부의 프랑스계인 왈롱 지역 간의 알력, 이중 언어를 사용하는 수도 브뤼셀 등 복잡한 갈등 양상도 가지고 있다. 그래서 보들레르는 벨기에 사람들을 프랑스를 모방하는 '원숭이'로 폄훼하며(제6장 풍속), 이 나라를 서슴지 않고 '똥 묻은 막대기'라고 빈정대고 있다(제21장 프랑스와의 합병).

아무튼 자신이 이 나라를 떠나 프랑스로 귀환하기 전까지는 출간해서는 안 된다고 저어할 정도로 파격적인 과장과 왜곡으로 점철된 이 책은 결국 미완으로 남게 되고, 단지「개요」만이 완성된 모습으로 전해지고 있다.

후일 메모 전체를 모아 클로드 피슈아는『불쌍한 벨기에여!』(1976), 앙드레 기요는『옷이 벗겨진 벨기에』(1986)라는 각각의 제목으로 출간한 보들레르의 벨기에 기행(紀行)은 한 민족 전체에 대한 그 신랄한 풍자성으로 인해 병든 천재 보들레르의 문학적 기행(奇行)으로 여겨지기도 한다.

[부록 1]

보들레르의 풍자시집 『우아한 벨기에』

(국내 최초 완역)

보들레르 지음 / 이건수 옮김

벨기에의 비너스

발 위에 올라붙은 장딴지들이
지저분한 행주치마 속에 움직이는데,
화단에 심어놓은
나무기둥을 닮았다.

이곳 여자들은 몸집이 작더라도
젖통이 몇백 킬로그램이나 나가고,
팔다리는 뻣뻣한 뼈다귀 같은
말뚝들일세.

젖가슴이 크고 부드러운 것만으로는 부족해.
단단한 맛이 있어야지, 아니면 난 등을 돌리지.
빌어먹을! 코사크 기병들이나
돼지비계로 만족할 테니.

벨기에 아가씨들의 청결

곰팡이 핀 한 송이 꽃처럼 그녀는 악취를 풍기고 있었지.
물론 정중하게 그녀에게 말을 건넸어.
"양 우리 냄새를 없애려면
매일 목욕을 해야 할 거요."

얼빠진 처녀가 뭐라고 대답을 했게?
"나는요, 당신 냄새가 역겹지 않은데!"
─이곳 사람들은 막비누를 가지고
길거리와 마루 바닥을 닦는다.

벨기에의 청결함

"목욕할 거요."─들어가면서 나는 말한다. 그러자 여관 주인이

　지금 막 풀을 뜯어 먹은 황소처럼 눈이 휘둥그레지며 말하길,

"그건 불가능한데요, 선생!"—그러고 나서 한층 기죽은 태도로,

"이미 욕조 세 개를 모두 다락방으로 치워놓았는데요."

로마사람들이 다락에 포도주를 넣어 놓았다는
옛날이야기는 읽어봤지만
비록 아무리 야만적이라도 다락방에 욕조는 아니지.
해서 난 소리쳤다—"제기랄 말도 안 되는 생각이군."

그러자 어리숙한 사람이 하는 말—"선생, 사람들이 목욕하러 여관에 오지 않는데요!"

벨기에의 미술 애호가

플라망의 예술 후견인을 자처하는 장관 한 명이
어느 날 자신의 아파트를 둘러보게 나를 초대했다.
그림 앞을 지날 때마다 내 눈치를 살피며
'예술'보다는 '자연'에 관해서 장광설을 늘어놓았다.
그림의 '주제'보다는 실제 '풍경'을 칭찬하며
특히 예술품의 '가격'을 강조하는 식이었다.
—그러다가 재능도 없으면서 유식한 척하는
앵그르의 초상화 앞에 도달하게 된다.

이때 나는 황제의 위대한 화가이자 앵그르의 맞수인

다비드를 성스러운 격정에 사로잡혀 극찬하고 말았다.

—장관은 평소 거래하는 단골 화상(畵商) 쪽으로 몸을 돌

렸다.

보초처럼 옆에 서 있던 화상은

주인의 입에서 흘러나오는 터무니없는 말들을

충실하게 듣고 있는 시종과도 같았다.

이런 화상에게 장관은 철두철미한 상인의 눈을 가지고 속

삭였다.

"이보게, 요즈음 다비드 그림값이 오르는 모양일세."

건강에 좋은 물

조셉 들로름[1]은 개울을 하나 발견했는데,

그 물이 하도 맑고 초록색이라

불행한 이들에게 슬픈 생을

이곳에서 끝내고 싶은 갈망을 불러일으킨다.

—이런 식으로 죽기를 원하는 이들을

그 불건전한 열정으로부터

치유하는 방법을 하나 알고 있다:

그들을 센(Senne)강가로 데리고 가라.

―물론 물의 요정일 수 없는

벨기에 사람들은 익살을 떨며,

"보세요, 파리의 센(Seine)강과 똑같아요"라고 말한다.

―그에게 내가 말하길―"그래요. 혼탁한 센(Seine)강이죠!"

엄밀하게 말해, 이 센(Senne)강에는

강가에 면한 모든 집과 벽면에서

이루 말할 수 없는 배설물이 무더기로 유입되기에,

그것은 거의

흐르는 똥물.

벨기에 사람과 달

벨기에 사람들만큼 이상한 종족을 본 적이 없다.

아름답고 매력 있는 것 앞에서,

그들은 커다란 눈망울을 굴리며 안 들리게 투덜댄다.

보통 사람들의 심정을 즐겁게 해주는 모든 것이 이들에게

는 거슬린다.

재치 있는 말을 들으면, 단번에 그들의 눈은

기름에 튀긴 생선의 눈깔처럼 잿빛으로 흐려진다.

감동적인 이야기를 들으면, 오히려 그들은 웃음을 터뜨리

는데,

자신들이 완벽하게 이해했다는 것을 보여주기 위함이다.

그들은 맑은 정신도 광명도 몹시 싫어한다.
때때로 창공의 고요한 달빛 아래
끔찍한 진창과 구토물 속에 앉아 있는 그들을 본다.

진과 맥주로 목구멍까지 가득 채운 그들은
괴상한 고통에 시달리며,
털썩 주저앉아 달을 향해 고래고래 울부짖는다.

브뤼셀의 관(棺) 제조업자 롭스 씨의 작업실을 위한 제명(題銘)

이 관들을 물끄러미 바라보면서
어떤 능숙한 세공인이 정성을 다한
자단이나 마호가니 고급가구를 떠올려본다.
"이건 귀중품 상자야! 어떤 보석을 담으려고 만든 것일까!
플랑드르의 시체들이 조만간
이 매혹적인 관을 더럽히겠군.
썩을 시체를 위해 이런 보석 상자를 만들다니.
이곳에서는 죽어서도 참 뻔뻔하군!"

센(Senne)강의 요정

언제나 나하고 생각이 다른

이상한 친구가 내게 말했다.

─"센강에서 미역 감는 여자를 보고 싶어.

온통 시커먼 숯장이처럼

그녀의 얼굴은 더러울 거야."

─"그건 아니지, 친구여, 자네는 꽤나 순진하구만.

요정의 얼굴을 더럽힌 것은

석탄은 아니라고!"

파로 맥주에 관한 에첼(Hetzel) 씨의 견해

"당신은 파로 맥주를 마십니까?"─내가 에첼 씨에게 물

었다.

그의 수염 난 얼굴 위로 약간의 혐오감이 비쳤다.

─"결코, 아니요! 트집 잡으려는 것은 아니지만,

파로 맥주는 맥주를 마시고 싼 오줌 맛이오."

플랑드르의 카페에서 에첼은

남들이 알아듣지 못하게 조심스레 말했다.

"파로는 오줌의 동의어다!"를

완곡하게 말하는 방법인 것이다.

"파로는 센(Senne)강물로

제조된 것임을 잊지 마시오."

―"그 도시의 맛이 파로 맥주에 어떻게 스며있는가를 잘

알고 있다.

어쨌든 센강의 물이 의미하는 바가 무엇이겠는가?"

행운의 이름

문패에 이렇게 쓰여 있었다. "리즈 반 스위텐."[2]

에덴동산일 수 없는 사창가였다.

구제약 이름과 같은 이름의 이브!

그녀의 남편이나 애인은 행복하리라.

남들이 부러워하는 이 사내는

누구도 상상하지 못한 것을 찾아낸 것이다.

북극에서 남극까지 통틀어

이름만으로도 성병을 예방해 주는 아내를!

벨기에의 꿈

본인 스스로 매력이 철철 넘친다고 생각하며

벨기에는 잠들어 있다. 여행객이여, 그녀를 깨우지 마시오.

벨기에의 불가침성

"나를 건드리지 마라! 나는 불가침이다!"
벨기에가 말했다. —안됐지만 이는 너무나 명백한 사실이다.
벨기에를 건드린다? 무모한 일일 텐데,
사실 벨기에는 똥 묻은 막대기이기 때문이다.

레오폴드 1세를 위한 묘비명

입헌 군주가 여기에 잠들다.
(입헌 군주란 가구가 딸린
싸구려 여관방의 꼭두각시란 말이다.)
자신은 영원하리라고 굳게 믿었던 그,
다행히 잘 끝났네!

벨기에를 위한 묘비명

사망한 벨기에를 위한 묘비명을
내게 요구하지만 헛된 일.
뒤지다가 내팽개치고 끙끙대다
내가 찾아낸 딱 한 마디는 "결국엔!"

복종의 정신(L'esprit conforme I)

투르네 출신의 얼간이가 내게 말했다.

"선생, 내가 당신보다 머리를 더 잘 쓰는 거야.

순종(obéissance)하니까

나는 걱정 없이 마냥 즐겁지.

복종(conformité)의 정신을 택함으로

모든 관능과 쾌락과 권태를

다 포기했소.

모든 새로운 방법이 두려운 나는

타인의 행복이 언제나

내 행복의 증거라고 여긴다오."

투르네의 사내가 했던 말은

(내가 그의 장광설을 손봤다고

독자들도 짐작하듯이)

이토록 잘 표현되지는 않았지만.

관례에 따르는 정신(L'esprit conforme II)

맹세코 벨기에 사람들은

극도로 모방(imitation)을 한다.

만약에 그들이 매독에 걸린다면,

이는 프랑스인들을 닮기 위해서이다.

왕을 칭송함

이곳 사람들이 말하는 프랑스어는 우스꽝스럽다.

이 작은 왕국 사람들은 그들의 늙은 군주를 불멸이라고
주장한다.

이때의 불멸성은

장수(長壽)의

동의어라고나 할까.

그렇지만 미묘한 차이는 있는 법!

최근 들어 브뤼셀 당국은 레오폴드가 불멸이라는 성명을
자주 발표하곤 했다.

웃기는 일이야! —왕이 거의 불멸일 뻔한 건 사실이지만.

퀴비에(Cuvier)의 발언

"동물계의 어떤 종자에

벨기에 사람을 분류해 넣을 것인가?" 이 곤란한 질문을
어느 과학 학회가 제기한 적이 있었다.

그러자 대학자 퀴비에가 창백한 안색으로 몸을 떨며 자리

에서 일어나,

　이런저런 이유로 다음과 같이 외쳤다. "아카데미 회원 여
러분,

　연체동물부터 원숭이까지

　도대체 어떤 자리에 넣어야 할지

　도통 알 수가 없어 난 포기하겠소!"

브뤼셀에서 열린 음악회

정신을 꿈꾸게 하고 감각을 흥분시키는

이 매혹적인 곡조들이 방금 연주되었다.

물론 플라망식으로 약간 엉성하긴 했다.

"사람들은 왜 박수를 안 치지?" 내가 말했다.

—나처럼 독일 음악을 사랑하는 옆 사람이 대꾸했다.

"선생, 이 배배 꼬인 나라에 처음 오셨어요?

조금 지나면 아시게 될 거예요.

회화나 정치에서처럼 음악에서도,

벨기에 사람들은 남이 자신을 속이려 한다고 생각해요.

—게다가 본인이 실수하는 것을 특히 몹시 두려워합니다."

벨기에의 보에오티아[3]

벨기에는 보에오티아를 가지고 있다!

이 말은 전설처럼 오래된

상투적인 격언!

—최악의 상태에서 비교하는 말!

젠장! 브뤼셀이 포페랭그(Poperinghe)를 무시하다니!

36도 독주를 파는 상인이 선술집 주인을 조롱하고,

관장기 주제에 주사기를 야유한다.

브뤼셀은 포페랭그를 야유할 권리가 없다!

최악 옆에 있는

차악이라고 이해해야 하지 않을까?

벨기에는 자신의 보에오티아를 가지고 있다!

(이것은 무서운 상투적인 언사.)

벨기에 문명

벨기에 사람은 매우 문명화되어 있다.

그는 도둑이자 사기꾼이다.

때때로 매독에 걸려 있으니,

그는 매우 문명화되어 있다.

그는 자신의 먹이를 손가락으로

찢어먹지 않는다.

식탁에서 포크와 스푼을

사용할 줄 안다는 것을

과시하기를 좋아한다.

그는 몸을 잘 닦지는 않지만,

재킷과 바지, 모자와 셔츠도 차려입고

심지어 장화까지 신은 채,

인사불성으로 술에 취해,

보도 위에 사료를 게우는 영국인처럼

토해댄다.

꼭 우트르-키에브랭[4] 기자인 양

신을 조롱하고, 진보를 믿는다.

―게다가 생각하는 원숭이처럼

서서 교미할 줄 안다.

그러므로 그는 매우 문명화되어 있다.

레오폴드 1세의 죽음 ǀ

소위 유럽 평화의 위대한 심판관이

드디어 자신의 당구대 나사를 풀었다.

(차후 이 비유를 설명하겠다.)[5]

이 왕은 프랑스의 루이-필리프처럼

꽁무니를 빼고 달아나지 않았다.

왕좌에 악착같이 붙어 있던 이 노인은

비천한 자신의 파이프를
그렇게 늦게 깬 거라고는 결코 생각하지 못했다.

레오폴드 1세의 죽음 II

전쟁을 해본 적 없는 레오폴드는
죽음을 상대로 첫 승을 쟁취하고 싶어했다.
비록 이 싸움의 승자는 아니었지만
훌륭히 맞서 저항했기에,
역사의 평가가 공정하다면
다음과 같은 멋들어진 칭호가 부여되리라.
"고집 센 시체."

[부록 2]

『불쌍한 벨기에여!』의 「개요」

(국내 초역)

보들레르 지음 / 이건수 옮김

다음 중에서 제목을 정할 것:

진짜 벨기에. 맨살을 드러낸 벨기에.

옷이 벗겨진 벨기에. 조롱의 수도.

원숭이들의 수도.

　　　　　?

1. 머리말

당통[6]이 한 말 중 제일 중요한 건 "자기 신발의 밑창에 자신의 조국을 묻혀가는 것"이다.

가까이 들여다보면 프랑스는 꽤나 야만스럽게 보인다. 그러나 벨기에에 간다면, 당신은 자신의 조국에 대해 더 관대해질 것이다.

자신이 여자가 아니라 남자로 태어난 것에 대해 신에게 고마워했던 주베르[7]처럼, 당신도 벨기에인이 아니라 프랑스인으로 만들어준 것을 신에게 감사하리라.

벨기에에 관한 책 한 권을 쓰는 것은 대단한 가치가 있다. 이는 권태를 언급하면서 즐거워하는 일이요, 쓸모없는 것을 말함에도 교육적이다.

벨기에를 묘사하면, 동시에 프랑스의 어리석음들에 관한 캐리커처도 얻을 수 있다.

유럽 열강이 앞다퉈 벨기에를 얼러주기로 한 결탁. 축하 인사를 너무 좋아하는 벨기에는 인사치레조차 언제나 진지하게 받아들인다.

프랑스에서는 20년 전에 그토록 미국의 자유·영광·행복을 찬양했었다. 이번엔 벨기에에 대해서 비슷한 어리석음을 범한다.

벨기에에 살아본 프랑스인들은 왜 이 나라에 대해 진실하게 말하지 않는가. 프랑스 사람이라는 자존심 때문에 그들은 본인들이 속았다는 사실을 시인할 수 없기에.

벨기에를 다룬 볼테르[8]의 시구들.

2. 브뤼셀. 거리의 모습

첫 번째 인상들. 각각의 도시와 나라는 특유의 냄새를 지니고 있다고들 한다. 파리로 말하자면 예나 지금이나 시큼한 양배추 냄새가 난다. 케이프타운은 양 냄새가 난다. 장미, 사향 또는 야자유 냄새가 나는 열대의 섬도 있다. 러시아는 가죽 냄새가 난다. 리옹은 석탄 냄새가 난다. 근동에서는 흔히 사향과 썩은 고기 냄새가 난다. 브뤼셀은 검은 비누 냄새가 난다. 호텔 방에서 검은 비누 냄새가 난다. 침대에서도 검은 비누 냄새가 난다. 수건에서는 검은 비누 냄새가 난다. 길거리 보도에서도 검은 비누 냄새가 난다. 비가 억수같이 올 때마저 건물 외관과 보도를 닦는 국민적인 편집증.

일반적으로 무미건조한 삶. 담배·채소·화초·과일·요리·사람의 두 눈과 머리털. 이 모든 것이 단조롭고, 슬프고, 따분하고, 무기력하다. 그들의 생김새는 구별 안 되고, 어둡고, 무기력하다. 이런 혼수에 빠뜨리는 전염병이 프랑스 사람인 나로서는 소름 끼치게 공포스럽다.

벨기에의 흑인 노예라고 할 수 있는 개들만이 생기 넘친다.

브뤼셀은 파리보다 훨씬 더 시끄럽다. 그 이유는 도로포장이 불규칙하기 때문이다. 허술한 집들에서도 소리가 난다. 비좁은 거리. 거칠고 절도 없는 억양. 매사가 서툴다. 누구나 불어대는 휘파람 소리와 개 짖는 소리.

보도는 거의 없거나 끊겨 있다(지독한 이기주의의 소산). 형편없는 도로포장. 생기 없는 거리. ―발코니는 많으나, 그 위에는 아무도 없다. 밀정들이 많다는 것은 권태로움과 호기심, 냉대의 표시.

강이 없는 도시의 슬픔.

진열장 없는 상점들. 상상력이 풍부한 사람들이 즐기는 한가한 산보가 브뤼셀에서는 불가능하다. 볼 것도 없고 돌아다닐 길도 없다.

어떤 안경 상인의 지적처럼 코안경이 많다. 그 이유를 알아볼 것. 놀랍게도 꼽추들이 많다.

벨기에인, 엄밀히 말해서 브뤼셀 사람의 얼굴은 윤곽이 불분명하며, 어설프고, 창백하거나 술에 취해 거나하다. 이상한 구조의 턱과 위협적으로까지 보이는 어리석은 형상.

벨기에인들의 거동은 엉뚱하고 아둔하다. 자꾸 뒤를 돌아보며 걷기에 계속해서 부딪친다.

3. 브뤼셀. 일상·담배·음식·포도주

아무 데서나 피워대는 담배 문제. 자유로 인한 불편함.

음식 문제. 고기를 구워 먹지 않고, 모든 것을 증기로 찐다. 오래돼서 절은 버터로(돈 때문이거나 맛 때문인지) 모든 것을 조리한다. 원래 그런지 버터 때문인지 맛이 나쁜 채소들.

스튜라는 것이 없다. (벨기에 요리사들이 생각하는 양념이 잘 된 음식이란 소금을 잔뜩 친 음식이다.)

디저트도 앙트르메도 없는 것이 특징이다. 과일도 없다. (맛있다고 소문난 투르네 산産 과일들은—정말 이것들은 맛있는가?—영국으로 수출한다.) 그러므로 과일을 프랑스나 알제리로부터 수입해야 한다.

마지막으로 빵에 대해 말하자면, 태운 빵조차 축축하고 물렁거린다.

'벨기에의 자유에 대한 그 유명한 거짓말'과 '벨기에의 청결함' 옆에다, 이곳의 '저렴한 생활비라는 거짓말'을 적어두자.

집세를 제외한 모든 것이 파리보다 4배나 비싸다.

여기서는 집세를 제외하고, 모든 것이 비싸다.

그럴 수만 있다면, 벨기에 현지식으로 살 수 있다. 벨기에적인 식이요법과 위생에 관한 묘사.

—포도주의 문제. —호기심과 골동품으로서의 포도주. 훌륭하지만 서로 엇비슷한 포도주 지하 창고들. 향이 좋은 비싼 포도주들. 벨기에 사람들은 그들의 포도주를 내보인다. 포도주를 마시는 것은 맛 때문이 아니라 허영심 때문이며, '식탁 예절에 부합함'을 증명하기 위함이고, 프랑스인들을 닮고 싶어서다.

—벨기에, 외근 나가 포도주나 마시는 직장인들에게는 천

국. 민중의 음료는 파로 맥주[9]와 진.

4. 풍속들. 여자들과 사랑

여자들도 없고 사랑도 없다. 왜 그럴까?

남자에게 은근함이 없듯, 여자에게 수줍음이 없다. 수줍음은 금지된 것이거나, 그 필요성을 느끼지 못한다. 플라망 여인, 또는 적어도 브라반트 여인의 일반적인 모습. (왈롱 여인은 잠시 미뤄두자.)[10]

일반적인 외모는 양이나 숫양의 형상과 유사하다. —미소를 짓지 못하는 것은 근육이 굳어져 있고, 이와 턱의 구조 때문이다.

보통은 안색이 창백한데, 때론 포도주 색이다. 머리털은 노랗다. 다리와 유방은 거대하고, 지방으로 가득 차 있다. 발은 *끔찍하다!!!*

조숙하고 기형적인 비만과 물컹한 살집을 흔히 볼 수 있는데, 이는 습한 공기와 그녀들의 식탐의 결과다.

여자들의 악취. 그 일화들.

벨기에 부인네들의 외설성. 변소와 길거리 구석들의 일화들.

사랑에 관해서는 옛 플라망 화가들의 쓰레기 같은 작품들을 참조할 것. 60대 노인들의 사랑. 이곳 사람들은 변한 게 없기에, 플라망 화가들은 여전히 현실감 있다.

여기에는 암컷들이 있다. 여자들은 없다.

벨기에의 매춘, 고급 매춘과 싸구려 매춘. 프랑스 매춘부들의 위조물들. 브뤼셀로 원정 온 프랑스 매춘부.

매춘 지불 규정의 발췌.

5. 풍속들(계속)

벨기에인의 저속함(장교들조차).

신문 지면에서, 동업자들끼리 퍼붓는 욕설들.

벨기에의 비평과 언론의 어조.

상처받은 벨기에의 허영.

멕시코에서 부린 벨기에의 허영.

비천함과 비굴함.

벨기에의 도덕성. 잔학한 범죄.

경매에 부쳐진 고아들과 노인들.

플라망 정당. 빅토르 졸리.[11] 원숭이 같은 정신에 맞선 빅토르 졸리의 비난은 정당하다. (—어쩌면 이것은 다른 장에 삽입해야 할 듯.)

6. 풍속들(계속)

벨기에인의 두뇌.

벨기에인의 대화.

벨기에인의 성격을 정의하는 일은 동물계에서 벨기에인을 분류하는 것만큼 어렵다.

그는 원숭이이고, 어쩌면 연체동물(얼간이)이다.

엄청나게 덤벙거리고, 놀라울 정도로 우둔하다. 역사가 증명하듯이 벨기에인을 억압하는 것은 쉬운 일이지만, 그들을 괴멸시키는 것은 불가능에 가깝다.

벨기에인을 판단하기 위해서 원숭이 짓인 모방과 위조, 복종, 증오심 깃든 무능 등과 같은 몇몇 개념에서 벗어나지 말자. ─이런 상이한 항목 속에 모든 사실을 분류할 수 있으리라.

그들은 악덕조차 따라 한다.

선멋쟁이 벨기에인.

애국자 벨기에인.

학살자 벨기에인.

자유 사상가인 벨기에인의 주요한 특징은 "당신이 말하는 바를 당신조차 믿지 않는다"라고 생각하는 것인데, 이는 본인이 한 말조차 이해하지 못하기 때문이다. 경건하지 못한 프랑스식 언행의 위조물. 벨기에인의 외설성은 프랑스 음담패설을 위조한 것이다.

건방짐과 자만심. ─허물없음. ─낙오자로서의 왈롱인의 초상.

벨기에인의 정신은 더할 나위 없이 끔찍함. 안트베르펜 주재 프랑스 영사 드 발베젠 씨가 겪은 낭패들.

웃음의 끔찍함. ―이유 없는 폭소들. ―감동적인 이야기를 들으면, 벨기에인은 웃음을 터뜨리는데, 이는 자신이 이해했음을 믿게 하기 위해서이다. ―벨기에인은 아무것도 소화하지 못하는 반추동물들이다.

벨기에조차 자신의 우둔한 마을을 갖고 있다고 그 누가 믿겠는가? 그런데 브뤼셀에서는 포페랭그라는 마을을 멍청하다고 놀려댄다.

그러므로 내가 만났던 천치들보다 더 어리석은 자들이 있을 수 있다.

7. 브뤼셀의 풍속들

소도시의 정신인 질투심, 비방, 중상.

타인의 일들에 대한 호기심. 타인의 불행을 즐긴다.

무능력하고 한가한 데서 생기는 결과물.

8. 브뤼셀의 풍속들

순종하고 복종하는 정신.

연합의 정신.

수많은 협회(찌꺼기 길드들).

개인적으로는 게으른 사고.

서로 연합하면서, 개인들 각자는 스스로 생각하는 것을 면한다.

'논다니들'의 협회.

벨기에인은 자신이 행복해하는 것에 남들도 똑같이 행복함을 느끼지 않으면 만족하지 못한다. 그러므로 그는 스스로 행복할 수가 없다.

9. 브뤼셀의 풍속들

'밀정들'.

벨기에식의 진심.

불친절.

여전히 벨기에적인 무례함. '골족[12]다운 벨기에인의 신랄함'.

국가를 대표하는 조각상이 '오줌 누는 사람'과 '토하는 사람'이라는 사실이 상징적임. —배설물에 관한 농담들.

10. 브뤼셀의 풍속들

벨기에인은 사교계 인사든, 고용인이든, 노동자이든 누구나 느리고 게으르다.

복잡한 행정의 마비 상태.

우편, 전보, 화물.

행정에 얽힌 일화들.

11. 브뤼셀의 풍속들

벨기에인의 품행. 상인들. 성공에 대한 안달. 금전. ―보상금을 타내기 위해서라면 제퍼슨 데이비스[13]마저 팔아넘겼을 화가에 관한 에피소드.

너 나 할 것 없이 상대를 불신하는 것은 부도덕함이 만연하다는 표시이다. 어떤 행동에도, 훌륭한 행동조차 벨기에인은 그 동기가 선하다고 생각하지 않는다.

마구 속여먹는 장삿속(그 일화들).

언제나 벨기에인은 타인의 불행을 반기는 경향이 있다. 게다가 이것이 주된 화제이니 더할 나위 없이 지겹다!

중상모략하기 좋아함. 난 여러 차례 희생물이 된 적이 있다.

보편적인 인색함. 재물이 엄청나게 많지만, 자선이란 없다. 민중을 빈곤과 우둔함 속에 방치하기 위한 모종의 결탁.

부자를 포함한 모든 이들이 장사꾼이다. 모두가 고물상이다.

아름다움에 대한 증오는 정신에 대한 증오와 일맥상통한다.

순응하지 않는다는 것, 이곳에서는 중대한 범죄다.

12. 브뤼셀의 풍속들

벨기에인이 청결하다는 선입견은 어디에 근거하는가.
―벨기에에도 깨끗한 것과 더러운 것이 있다. 유리한 직업들: 세탁소 주인, 천장 공사 인부들. 불리한 직업: 목욕탕.

가난한 동네들과 서민적인 풍속들. 나체. 술주정. 구걸하기.

13. 벨기에 사람들의 오락거리들

음울하고 냉랭한 성격.

음산한 침묵.

'줏대 없이 휩쓸리려는' 심리. 사람들은 언제나 떼 지어 즐긴다.

무도회가 열리는 공원.

카지노 오락장.

리릭 극장.

라 모네 극장.

프랑스풍 보드빌 극장들.

시르크 극장의 모차르트 연주.

줄리우스 랑겐바흐 극단(재능이 있어서 성공하지 못함).

늙고 우스꽝스런 춤꾼에게 관객 모두가 박수갈채를 보내도록 내가 어떻게 유도했었던가.

민중의 무도회.

공놀이.

활쏘기.

브뤼셀에서의 카니발. 사람들은 결코 무희에게 마실 것을 제공하지 않는다. 말없이 사람들은 제자리에서 뛴다.

아이들 놀이의 잔인함.

14. 교육

국립이거나 시립대학들. 자유대학들. 공립 중등학교들.

라틴어도 희랍어도 없음. 직업 교육들. 문학에 대한 증오. 기술자나 은행원들을 양산하는 교육.

형이상학이 없음.

벨기에의 실증주의. 아농 씨와 알트메이어 씨.[14] 프루동[15] 이 "늙은 올빼미!"라고 부른 알트메이어의 초상화와 그의 스타일.

시와 문학에 대한 증오.

15. 벨기에에서의 프랑스어

—이곳에서는 책을 거의 쓰지 않지만, 그나마 드물게 집 필된 책들에 사용된 문체.

—몇몇 벨기에식 어휘의 견본들.

이곳 사람들이 프랑스어를 잘 구사하지 못한다는 사실을 정작 자신들은 모른다. 하지만 모든 사람들은 플라망 말을 모르는 '척한다'. 품위 있어 보이기 때문이다. 그들이 플라망 말을 대단히 잘 알고 있다는 증거는 이 언어로 하인을 '야단친다'는 것.

16. 기자와 문인

이곳의 문인은 다른 직업을 갖고 있다. 보통 그는 고용인이다.

게다가 문학이란 없다. 적어도 프랑스 문학은 없다. 제멋대로인 베랑제[16]를 원숭이처럼 흉내 내는 불쾌하기 그지없는 샹송 작가 한두 명. 샹플뢰리[17]의 모작자들을 베껴 쓴 사람들을 또 흉내 내는 소설가 한 명. 현학자들, 연대기 편찬자들 또는 신문 기자들처럼, 한 무더기의 종이들(건물비용과 여타 경비 계산서, 왕족들의 수입금들, 시의회 회의록들, 문서보관소 사본들)을 모으는 사람들과 이것을 헐값에 사들여 역사책처럼 한데 엮어 되파는 사람들.

엄밀히 말해서 이곳의 모든 이들은 연대기 편찬자다. (안트베르펜에서는 모두가 화상畵商이고, 브뤼셀에서는 골동품 상인이거나 부유한 수집가들이다.)

언론의 어조. 그 수많은 예들. 「광고 취급소」에 하는 우스꽝스러운 투고. ―「벨기에의 독립」. ―「의회 소식」. ―「벨기에의 별」. ―「브뤼셀 저널」. ―「공공의 선(善)」. ―「르 산초」. ―「경종(警鐘)」. ―「악동(惡童)」. ―기타 등등.

문학적 애국심. 공연 포스터.

17. 벨기에인의 불경건. 다음 장(章)과 마찬가지로, 이것은 문제의 장

교황을 모욕하기. ―불경건의 포교. ―파리 대주교의 죽음(1848년)에 대한 이야기. ―리릭 극장에서 피그제레쿠르[18] 작 「위선자 예수회 교도」의 상연. ―예수회 교도. ―인형극. ―종교 행진. ―왕실이 기부하는 장례비용. ―가톨릭 여교사에 대한 반대. ―묘지 관련 법률에 대하여. ―민간의 장례식들. ―시체를 훔치거나 서로 가지려고 다툼. ―노조원의 장례식. ―비종교적으로 치러진 어떤 여인의 장례식. ―'자유 사상'의 규정들에 관한 분석. ―유언 서식. ―"제기랄!(Bon Dieu!)"을 입에 달고 사는 사람들의 내기 한판.

18. 불경건과 성직자에 대한 공포심

여전히 '자유 사상!'과 '노조원'과 '자유민!' 교회로부터 시체를 빼돌리기 위해 여전히 유언 서식. '자유 사상'에 관해 「국민여론」지의 소베스트르[19] 씨의 기사. ―'자유 사상

가'로 죽은 어떤 사제의 장례식. ―예수회에 대한 공포. ―예수회 교도들이 박해한 전직 도형수 '우리의 선량한 드 벅'[20]의 경우. ―내가 묵고 있는 호텔 '그랑 미루아르'에서 '자유 사상' 집회. ―벨기에인의 철학적 담화. ―「아! 제기랄! 이런! 그토록 나다르가 아프다니!」라는 곡조에 실린 '노조원'의 장례.

성직자 지지 정당과 자유주의 정당. 둘 다 어리석다. ―그 유명한 보니파스[21] 또는 (벨기에의 폴-루이 쿠리에[22]라 할 만한) 드프레[23]는 성사(聖事) 없이 죽은 아이들의 혼령이 무서운 나머지 이 시체들을 파내어 성스러운 땅에 다시 묻어 주었다. 그는 자신도 쿠리에처럼 비극적으로 죽을 거라 믿고 있었기에, 예수회 교도들에게 암살당하지 않으려고 밤마다 수행원을 대동했다. ―내가 처음으로 이 바보와 만났을 때, 그는 취해 있었다. ―정원으로 토하러 갔다 돌아오면서 그는 피아노 소리를 중단시켰다. '진보'를 지지하며, 가톨릭 화가 루벤스를 성토하는 연설을 하기 위해서였다.

―사형제 폐지자들. ―프랑스에서처럼 틀림없이 벨기에도 이 문제에 관심이 많다.

―벨기에인의 불경건은 프랑스를 따라 한 것인데, 기하급수적으로 부풀려져 있다.

―개들 또는 신으로부터 버림받은 자들의 구석.

―벨기에인의 맹목적인 신앙심.

—플라망 성직자 전체의 추잡함, 음탕함, 심술과 어리석음. —롭스[24] 작(作) 석판화 「장례식」을 볼 것.

—벨기에의 독실한 신자는 남미의 식인종 기독교도들을 생각나게 한다.

—벨기에의 '자유 사상가들'에 강요할 수 있는 유일한 종교 행사는 프랑스 마술사 드 카스통 공연 프로그램이다.

—벨기에 정당들에 관한 뒤무리에 추종자의 기발한 의견: "오직 두 개의 정당만 있는데, 술주정꾼 떼와 가톨릭신자 무리이다." —이 나라는 변하지 않는다.

19. 정치

선거 풍속. 돈으로 매수하기. 각 지역별 선거에 가격이 매겨져 있다. 선거 관련 추문들.

의회 예절(수많은 예들).

벨기에인의 능변.

선거 대책에 관한 기괴한 토론.

공화주의자들의 모임. 급진 자코뱅주의[25] 따라 하기.

시대적 시간상 벨기에는 항상 지각.

20. 정치

엄밀히 말하자면, 벨기에 국민이란 없다. 플라망 민족과 왈롱 민족이 있을 뿐이고, 도시들은 서로 적대적이다. 안트베르펜을 보라. 벨기에는 외교 무대에서 어릿광대이다.

프랑스 혁명은 철학적 혁명이었다. 그러나 이를 본받은 브라반트 혁명은 철학자 왕을 몰아낸 기괴한 역사.

입헌군주는 싸구려 여관의 꼭두각시. —벨기에는 선거세(選擧稅)의 희생물이다. 왜냐하면 아무도 여기에서는 보통선거를 받아들이지 않기 때문이다. 헌법은 휴지조각일 뿐. 헌법은 종이로 되어있고 관습이 전부이다. —벨기에의 자유는 구호일 뿐. 자유는 종이 위에 쓰여 있지만, 실제로는 존재하지 않는다. 그 누구도 필요로 하지 않으니까.

어떤 순간에 벌어지는 의회의 우스꽝스러운 상황. 딱 한 표 차가 나는 두 개의 대등한 정당. —프랑스 신문의 지적처럼, 이곳에서의 선거는 굉장한 구경거리다.

의회의 투표 광경. —정치적 언사. 웅변. 과장. 언어와 대상 사이의 불균형.

21. 프랑스와의 합병

합병은 벨기에인의 대화 주제다. 이것은 내가 2년 전 이곳에 도착하자마자 들었던 단어다. 벨기에인들이 합병에 대해 하도 자주 말하다 보니, 프랑스 언론의 앵무새들도 이 단어를 되풀이할 수밖에. —벨기에의 유력한 정당 하나가 합병을 갈망한다. 그러나 오산이다. 일단 프랑스가 동의해야 하니까. 벨기에는 어떤 멋진 아저씨의 목에 매달리며 "저를 입양해서 아버지가 되어주세요!"라고 애걸하는 누더기 차림의 코흘리개인데—그 아저씨가 동의해야 말이지.

나는 합병에 반대한다. 예전에 합병된 보르도·알자스 등 골칫거리를 잊어버린 바보들이 프랑스에 많다.

그렇다고 옛날 아틸라[26]처럼 약탈하고 침략하는 것을 반대하지 않으리. 아름다운 모든 것을 루브르궁에 가져다 놓을 수도 있으니까. 이 아름다운 것들은 벨기에보다 우리에게 더욱 잘 어울린다. 벨기에는 아름다움을 모르니까. —더욱이, 벨기에 부인들은 프랑스 속국 알제리 병사들과 손쉽게 사귀게 될 터이다.

벨기에는 똥 묻은 막대기다. 그래서 이 나라는 불가침이 된다. "벨기에를 건들지 마시오!"

약자들이 휘두르는 폭정에 관하여. 여자들과 동물들. 이것이 유럽의 여론 속에서 벨기에의 폭정을 구성한다.

벨기에는 강대국 간의 경쟁으로 유지된다. 그러나 만약 경쟁자들이 한패가 된다면! 이 경우에는, 무슨 일이 벌어질까?

(나머지는 미래의 프랑스인에게 주는 전망과 충고를 담은 맺음말을 참고할 것.)

22. 군대

유럽의 어떤 나라보다 군대의 비중은 크지만, 결코 전쟁은 안 한다. 이상한 예산 집행!

막상 전투가 일어나더라도, 벨기에인의 발 모양은 행군에 전혀 적합하지 않다. 그러나 속성으로 훈련받은 장병들의 수가 많다.

얼굴에 털도 안 난 병사들은 (단기간 징집된) 애송이다.

장교가 승진하려면 상관이 자연사하거나 자살해야만 한다.

젊은 장교들에게는 참 애석한 일이다. 기회가 주어지면 훌륭한 군인이 될 텐데 말이다.

군사 학교에서 수사학을 연습하고, 가상 전투에 관한 보고서를 작성한다. ―전쟁 교육을 받았으나, 아무것도 하지 않는 사관들에게는 그나마 위안이 되리라.

군대 내에는 다른 곳에서 찾아볼 수 없는 수많은 예절이 있다. 놀랄 일도 아니다. 군인이 되어 칼을 차면 쉽게 작위를 받아 귀족이 되는데, 이런 식으로 군대는 민간화된다.

23. 국왕 레오폴드 1세. 그의 초상과 일화들. 죽음과 장례식

독일의 보잘것없는 왕족이었던 레오폴드 1세는 사람들이 말하듯이 "자기 길을 착실하게 가는" 사람이었다. 삯 마차를 타고 망명하지 않았다. 초라하게 나막신을 신고 온 그가 죽었을 때, 온 유럽이 극찬하는 '억만장자'가 되어 있었다. 최근에 사람들은 그를 '불멸'이라고 선언했다(레오폴드에 대한 바프로27의 가소로운 찬사).

무능해 보이지만 꾀가 많고 농부의 뚝심 가진 이 작센-코부르크가의 차남은 전 세계를 걸고 도박을 벌여 '큰돈을 벌었다'. 마지막에는 사람들이 영웅들에게나 부여하는 칭찬까지 움켜쥐었다.

그에 대한 나폴레옹 1세의 견해.

인색하고 탐욕스러움. ―독일 왕자로서 궁정 예법에 대한 어리석은 생각들. 자신의 가문과의 관계. ―그가 받은 연금들. 나폴레옹 3세로부터 받았던 연금.

정원사에 관한 일화.

공원과 정원에 대한 그의 소박한 방침은 그를 '순수한 자연'의 애호가로 착각하게 하지만, 실은 그가 인색하기 때문이다.

국왕이 본인의 병환에 대해 불안해할까 봐 사람들은 신문 날조를 한다.

어느 날 아침, 내가 우연히 엿들은 내무장관의 말. 죽는 것을 끔찍이도 싫어하는 어리석은 국왕에 대한 가소로운 혐오감. ―죽음을 절대 믿지 않음. ―그래서 의사들을 쫓아낸 그는 자신의 정부(情婦)를 따라다닌다.

왕비 브라반트 공작부인과 자식들이 들이닥침. 그녀는 강제로 왕의 입에 십자가를 쑤셔 넣고는, 뉘우칠 것이 없는지를 묻는다.

국왕의 죽음과 벨기에인의 죽음 사이의 공통된 특징들. ─세 명의 왕실 사제들은 국왕의 시체를 두고 서로 다툰다. ─'프랑스어가 더 유창한 덕분에' 베케르 신부가 이겼다.

─장례식이라는 거대한 코미디가 시작된다. ─길쭉하고 끝이 갈라진 검은 깃발들, 왕을 신격화하는 칭송사들. ─전 국민의 폭음, 방뇨, 구토. ─벨기에인들 모두가 거리에 나와 있고, 가면무도회에서처럼 밀집해 있어 하늘로 얼굴을 쳐들고 말이 없다. ─이렇게 그들은 즐기는 것이다. ─사실 브뤼셀은 이런 '축제'를 이전에 본 적이 없다. 방금 '그 나라의 첫 번째 국왕'이 사망했다. ─새로운 국왕이 「전진하는 수염 달린 왕」이라는 파이프오르간 곡조에 맞추어 등장한다. ─아무도 웃지 않는다. ─개중에 사람들이 부르는 「용사가 되자」라는 애국심에 찬 노래는 프랑스를 추종하는 합병주의자를 향한 멋진 말대꾸인 셈이다.

24. 미술

벨기에는 예술이 없다. 예술은 이 나라에서 추방되었다. 롭스를 제외하면 예술가가 없다.

구성에 대해서 문외한이다. 무식한 자들의 철학, 쿠르베식의 철학. 보이는 것만 그릴 것(그러므로 '내'게 보이지 않는 것을 '너'도 그리지 않을 것). 전문가들. ―태양만 그리는 화가, 달을 위한 화가, 가구를 그리는 화가, 직물을 그리는 화가, 꽃을 그리는 화가. ―이렇듯 전문성의 세분화는 산업에서처럼 무궁무진하다. ―협업이 필수적임.

상스러운 것에 대한 국민적 취향. 옛 플라망 화가들은 저속한 정신을 진실하게 다룬 역사가다. ―어리석을 정도로 과장되어 있는데, ―비단 옷을 차려입은 상놈 루벤스가 이를 잘 보여준다.

모두가 모방자이며, 프랑스 인재들의 대역인 몇몇 현대 화가에 관하여. ―아마추어의 취향. ―프로스페르 크라브 28씨. ―궁내부(宮內部) 장관인 그 유명한 반 프라에 씨의 천박함. ―그와 단 한 번 만남. ―미술품 수집 방법. ―벨기에인은 작품 가격에 따라 예술가의 가치를 측정한다. ―영국 여행객이 열광하는, 파렴치한 엉터리 화가 비에르츠 29에 관한 몇 페이지. ―브뤼셀 미술관에 대한 분석. ―보편적인 견해와는 달리, 이곳의 루벤스 그림들은 파리의 루벤스보다 작품성이 떨어진다.

조각은 아예 없다.

25. 건축, 성당, 예배

현대의 시민 건축물. 날림으로 지은 집. 견고하지 못한 건물들. 조화가 없다. 몰상식한 건축. ―좋은 건축 재료들. ―파란 돌. ―과거의 모작들. ―프랑스를 모방한 대형 건축물들. ―옛 건축물들을 베낀 성당들.

과거. ―고딕. ―17세기.

―대단히 공들여 만든 브뤼셀 그랑 플라스의 묘사.

―언제나 뒷북을 치는 벨기에에서는 시대에 뒤떨어지는 스타일도 꽤 오래 지속된다.

―17세기 스타일은 프랑스에서 인정은 못 받지만 나는 찬양한다. 벨기에에는 멋진 본보기들이 있다.

―벨기에에서의 르네상스. ―이행기(移行期). ―가톨릭 예수회 스타일. ―17세기의 스타일들. ―루벤스 스타일.

―브뤼셀의 '베긴 교단'[30]의 성당, 말린의 '생-피에르' 성당, 안트베르펜의 '예수회 교도' 성당, 나뮈르의 '생-루' 성당, 등등…….

―(빅토르 위고가 옛 고딕 양식을 좋아하는 바람에 건축에 관한 프랑스의 지성이 많이 훼손되었다. 이 때문에 우리는 시대에 뒤처졌다. '내가 생각하는' 건축사(建築史)의 철학. ―바다 속 붉은 산호, 녹색의 산호, 이어지는 대륙들의 형성, 그리고 마지막으로 우주의 삶과 이것들과의 유사성. ―결코 빈틈이 없이 계속되는 이행 상태. ―그러므로 로코

코가 고딕 양식의 마지막 개화라고 할 수 있다.)

—코에베르제,[31] 페데르브 그리고 프랑카르.[32]

—언제나 위고를 따르는, 코에베르제에 관한 언론인 빅토르 졸리의 의견.

—성당들은 대체로 부유한데, 골동품과 싸구려 물건들이 뒤섞여 있는 가게이기 때문.

이런 종류의 부(富)에 대한 묘사.

몇몇 성당들은 고딕이든지, 17세기의 것이다.

채색된 조각상들. 지나치게 꾸며진 고해실들; —말린, 안트베르펜, 나뮈르 등지에 있는 베긴 교단의 성당 고해실들.

—매우 다양한, 진리의 설교단들. —진정한 플라망식 조각은 나무로 되어 있고 특히 성당 안에서 빛이 난다. —거대한 조각물과는 달리 자그마한 조각품. 장난감이나 보석 같은 조각은 인내심으로 만들어진다. —그런데 이 목공 조각 예술은 꽃을 피웠던 말린에서조차 사라져버렸다.

—몇몇 종교행렬의 묘사. 종교적 풍속 안에 여전히 살아 있는 과거의 흔적들. —대단히 호사롭다. —종교적 사상들을 놀라울 만큼 단순화시킨 연극들.

(엄청난 양의 벨기에의 축제들을 스치듯이 대충 살펴볼 것. 언제나 축제이다. 민중이 나태하다는 표시.)

—벨기에의 어리석은 신앙심. —미신. 벨기에인의 머리로

는 기독교의 신에 다다를 수 없다.

　—사제들은 우둔하고, 상스럽고, 냉소적이며, 음탕하고, 탐욕스럽다. 한마디로 벨기에스럽다. 바로 이 사제단이 1831년의 혁명을 주도했기에, 벨기에의 모든 삶이 자신들에게 달려 있다고 믿고 있다.

　—예수회 교도와 예수회 건축 양식으로 잠시 되돌아오자. 천재적인 스타일. 모호하고 복잡한 성격. —(멋을 부렸으나 끔찍하다.) —거대한 입구, 커다란 창들, 휘황찬란한 조명 —온갖 종류의 형태와 양식, 장식과 상징의 혼합물. —몇몇 예들. 나는 소용돌이 장식에 쓰인 호랑이 발 모양을 보았다. 정면의 파사드를 제외하면, 일반적으로 외양이 초라한 성당들.

26. 브뤼셀 인근의 풍경

　플라망 여인처럼 기름지고, 풍만하고, 습기 많고, —플라망 사내처럼 음침하다. —녹음은 검을 정도로 짙다. —기후는 습하면서, 춥고, 더우면서 축축하다. 하루 안에 사계절이 들어 있다. —동물이 별로 없다. 곤충도 없고, 새들도 없음. 동물마저 이 저주받은 땅을 외면한다.

27. 말린33 산책

　말린이라는 곳은 두건을 쓴 자그마한 베긴 교단의 수녀와 같다. ―주명종에 의한「라 마르세예즈」연주처럼 공기 중에 들리는 기계 음악. 매일매일 일요일 같다. ―성당 안에는 군중, 거리에는 잡초. 에스파냐 통치의 옛 흔적. 광적인 신앙심을 보여주는 베긴 교단 수도원. 생-롱보, 노트르담, 생-피에르 등 수많은 성당들. ―포교 중인 두 명의 예수회 수도사를 그린 회화들. 계속되는 고해성사. 예수회 교도들에게 세상의 지배를 약속하는 상징물인 설교단의 멋진 조각상―이것은 내가 벨기에에서 본 것 중에서 유일하게 조각미를 지녔다. ―밀랍과 훈향의 냄새. ―루벤스와 반다이크. ―식물원. 물살이 센 맑은 개울. ―그레이하운드 저택의 사적인 모임에서 맛본 질 좋은 모젤 포도주.

28. 안트베르펜 산책

말린 대주교와의 조우. ―평평한 지대, 검푸른 초목. ―영국식 정원들이 있는 새로 지은 요새들(!)과 오래된 요새들. 수도의 풍모를 갖춘 도시 하나가 드디어 등장했소! ―메르 광장. 루벤스의 집. 국왕의 집. ―플라망 '르네상스 양식'으로 지은 시청. ―예수회 성당은 걸작이다. ―이것도 잡탕 같은 '예수회 양식(체스 판과 같은 구성, 샹들리에, 신비롭고 으슥한 기도실, 대리석으로 만든 관棺, 극장 같은 고해실, 작은 기도실과 극장, 후광 그리고 창문을 투과한 광선, 천사와 큐피드 상像들, 신격화와 시복식)'

이다. —유명한 루벤스 작품들을 소장한 폐쇄된 성당들, 성기(聖器) 담당자들에 대한 나의 생각. —못 박힌 그리스도와 성모상들. —화려한 현대 양식의 몇몇 집들. —안트베르펜의 위엄. 큰 강의 아름다움. 이곳에서 안트베르펜을 보아야 한다. —나폴레옹 1세의 분수들. —레이[34] 씨 —플랑탱 저택. —성행하는 르 리덱 거리, 무도회와 매춘. 이 거리는 '얄궂은 곳'으로, 파리 교외에 길게 늘어선 홍등가와 흡사하다.

안트베르펜의 풍속들은 눈살을 찌푸릴 정도로 상스럽다. 식당 보이들의 퉁명스러운 태도. —안트베르펜의 정치. ('정치 풍속'이라는 항목에서 곧 다루겠다.)

29. 나뮈르 산책

사람들은 나뮈르에 거의 가지 않는다. 여행객들이 소홀히 여기는 도시인데, 「관광안내서」에서 언급하지 않기에 당연한 일이다. —보방, 부알로, 반 데르 묄렌, 보쉬에, 페늘롱, 주브네, 리고, 레스투 같은 인물들의 출신 도시…… '성당 보면대'의 추억들. —'생-루' 성당은 예수회의 걸작 중 걸작이다. 전체적인 인상과 몇몇 세부 모습들. 예수회 건축가들, 화가들, 조각가들, 장식미술가들. —회화 「성 프란체스코회 수도사들」. —'생-토뱅' 성당은 로마의 '성 베드로' 성당 축소판이다. 외관은 벽돌과 파란 돌로 되어 있고, 내부에 하얗고 볼록

하게 튀어나온 정면 현관이 있다. —회화 「니콜라이」는 루벤스 위작(僞作)이다. —눈먼 방울새들의 거리. (현 레오폴드 2세인 브라반트 공작은 방울새 아카데미 회장이다.)

—나뮈르에서의 매춘은 기이하다.

—예의 없는 왈롱계 주민들.

—펠리시앙 롭스와 그의 장인어른에 대한 인물 묘사. 엄격한 법관인 장인은 유쾌한 사람으로, 사냥의 대가이며, 명구를 즐겨 인용한다. 그는 사냥에 관한 책을 한 권 썼으며, 내게 호라티우스[35]의 시구와 『악의 꽃』의 시행들 그리고 도르빌리[36]의 문장들을 인용했다. —그가 매력적으로 보이는 것은, 라틴어를 알고 있으며 프랑스어를 제대로 구사할 줄 아는 유일한 벨기에인이기 때문이다.

—전혀 알지 못하는 룩셈부르크로 넘어간다.

—풍경은 검다. 안개 낀 뫼즈강은 뚝 끊겨 있다.

—나뮈르의 포도주.

30. 리에주 산책

주교령의 궁전. —포도주 지하창고들. —술주정. —프랑스 정신을 엄청 닮고 싶어한다.

31. 겐트 산책

'생-바봉' 성당의 몇 가지 아름다운 것들. 묘소들. ―야만적인 주민들. ―반란을 일으킨 농민들의 이 오래된 도시는 다소 동떨어져 있어서, 큰 도시 같은 분위기를 찾기 어렵다. 슬픈 도시.

32. 브뤼헤 산책

유령 도시, 잘 보존된 미라 같은 도시. 이곳에서는 죽음, 중세, 검은 베네치아, 유령과 무덤의 냄새가 난다. ―베긴 교단의 거대한 수도원과 주명종들. 기념물 몇 개. 미켈란젤로의 것으로 여겨지는 작품 한 점. 하지만 브뤼헤 역시 스러져간다.

33. 에필로그. '미래의 프랑스인들에게 주는 충고'

벨기에는 만약에 프랑스가 아직 부르주아들의 손아귀에 남아 있었더라면 그리 됐음 직한 모습이다. 활력은 없고, 부패는 있다. ―토막들로 잘리고, 나뉘고, 침략받고, 정복되고, 격파되고, 약탈된 벨기에 국민은 얼간이처럼 근근이 살아가는데, 경이로울 따름이다. ―"날 건들지 마시오"라는 멋진 표어. ―누가 '똥 묻은 막대기'를 만지고 싶겠는가? ―벨기에는 괴물이다. 누가 이것을 입양하려 원하겠는가? ―벨기에 안에는 여러 가지 분리의 요소들이 있다. 외교의 어릿광대 벨기에는 한순간 분해될 수 있다. —한쪽은 프로이센에, 플라망 부분은 네덜란드에, 왈롱 지방들은 프랑스로 넘어갈 수 있다. —이것은 우리에게 대단한 불행이다. —왈롱의 초상화. —생명력이 지나쳐서가 아니라 사상과 감정이 전혀 없기에, 벨기에 사람들은 다스리기 어려운 민족이다. 벨기에는 쓸모가 없다(마튀랭과 뒤무리에 장군 부하의 인용). —아슬아슬한 상업적인 이해관계에 난 끼어들고 싶지 않다. —안트베르펜은 '자유도시'가 되고자 한다. —다시금 합병의 문제. —작은 도시들(브뤼셀·제네바)은 까탈스럽다. 인구는 적으나 고약한 주민들.

어쩔 수 없이 벨기에에 살아야 하는 프랑스인에게 충고해야 하는 이유는, 이들이 도적질을 당하고, 모욕을 받고, 결국에는 독살되지 않도록 하기 위해서이다.

끝

잊혀진 시집『표류물』에 실린
세 편의 익살 풍자시

해설·번역: 이건수

고액의 수입을 기대하며 일련의 문학 강연을 하기 위해 보들레르는 1864년 4월 24일 인접국 벨기에의 수도 브뤼셀에 도착한다. 강연은 대실패로 끝났지만 그는 파리로 돌아가는 대신에 현지에 눌러앉아, 울분을 토로하는 단장 형식의 풍자기행문『불쌍한 벨기에여!』를 쓰게 된다.

심신이 고달픈 악조건에서 1866년 2월 말 브뤼셀에서 출간한 작은 시집이『표류물』이다. 1857년의『악의 꽃』초판에서 미풍양속을 해친다는 이유로 삭제 선고를 받은 6개의 시편을 보란 듯이 재수록하며 외국에서 불법으로 간행된 이 시집은 무엇보다도 노골적인 외설성을 특징으로 한다.

보들레르는 생전에 완전무결한 『악의 꽃』 결정판을 내는 것을 염원하고 있었는데, 외설 논란 등 이런저런 이유로 여기에 넣고 싶지 않은 작품들로 『표류물』을 꾸린 것이다. 그렇다고 해도 처음에는 '유실된 꽃들(Fleurs-épaves)'로 불리다가 '꽃들'을 떼어내고 '표류물(Les épaves)'이 된 이 시집 제목의 유래와 『악의 꽃』의 연관성을 부인할 수는 없다. 게다가 『표류물』에는 말년의 보들레르가 직접 관여해 만든 최후의 시집이라는 명성에 걸맞게 「분수」 「베르트의 눈」 「찬가」 「목소리」 「몸값」 「어느 말라바르 여인에게」와 같은 손색없는 문학성을 갖춘 시들도 수록되어 있다.

『표류물』 총 23편 중에서도 단연 눈길을 끄는 것은 「익살」이라는 부(部) 안에 모아져 있는 3편의 시다. 브뤼셀 체류의 흔적인 지역적 시사성과 현지 문화에 대한 풍자성이 확연한 이 해학적 작품들은 『악의 꽃』이 지향하는 시적 보편성과는 양립할 수 없어, 보들레르도 자신의 시 세계로의 편입을 일찌감치 포기했던 것들이다.

세간의 관심에서 멀어져버린 이 풍자적 상황시를 꼼꼼히 읽어보는 것은 버려진 화단을 둘러보며 '유실된 꽃들'의 아련한 향기와 빛깔을 추적해보는 일이 될 터이다.

아미나 보셰티의 브뤼셀 데뷔에 붙여서
모네 극장에서의 첫 출연

아미나는 미소 지으며 무대를 가로질러 점프하고, 곡예
하듯 춤을 춘다
　걸쭉한 사투리의 촌놈은 난해하다고 투덜댄다
　"내가 아는 요정이란 우리 동네 유흥가
　'몽타뉴 오 제르브 포타제르' 거리의 여자들뿐인데."

섬세한 발끝과 미묘한 시선으로
무대 위의 아미나는 열정과 희열을 철철 넘치게 발산한다
촌놈이 말하길 "허망한 눈요기여, 꺼져버려라!
내 아내는 이따위 경박한 거동을 하지 않지."

코끼리에게 왈츠를, 부엉이에게 발랄함을,
황새에게 웃는 법을 멋진 다리 관절로 가르치려 하는
공기의 요정이여, 그대는 모르고 있지

천부의 재능을 보고도 "우!"라고 야유하는 촌놈,
상냥한 바쿠스 신이 부르고뉴 최고의 포도주를 따라주면
이 멍텅구리는 대답하리라 "우리 동네 파로 맥주가 내 입

맛이야!"

이탈리아 출신의 유명 발레리나 아미나 보셰티는 1864년
9월 말 브뤼셀 축제를 맞아 벨기에에서의 초연을 가졌다. 이
소네트는 어떤 특정한 정황이나 계기에 맞추어 쓰인 벨기
에 시절의 대표적 상황시다. 1864년 10월 1일자 잡지 「파리
생활」에 익명으로 발표한 이 작품에서 보들레르는 아미나의
천재성을 전혀 이해하지 못하는 무식한 브뤼셀 현지인에 대
한 자신의 끓어오르는 분노를 그대로 표출하였다.

같은 시기에 집필하고 있었던 문명비평 단장집 『불쌍한
벨기에여!』의 메모 4에서도 동일한 주제가 다루어지고 있다.

아미나 보셰티에 관한 소품 한 편

진귀한 보석 앞에 선 가난한 사람처럼, 교회당의 냄새 속에
서 불현듯 어린 시절의 추억에 서글퍼진 사내처럼, 아미나 앞
에서의 내 모습이 꼭 그러했다. 사막에 홀로 뚝 떨어진 천재,
아미나가 난처해 보인다. 웃는 법을 모르는 관중 속에서 미소
지어야만 하는 그녀. 천 개의 계란을 단번에 짓밟을 수 있는 코
끼리 다리의 여자들, 이런 사람들 앞에서 그녀는 공기의 요정
처럼 가볍게 도약한다.

그 당시 수도 브뤼셀의 분위기가 잘 드러나 있는 대목은 제4행의 '몽타뉴 오 제르브 포타제르'이다. 시인의 숙소에서 멀지 않은 거리의 이름으로, 이곳의 '요정'이란 다름 아닌 환락가의 여인들을 가리킨다. 또 마지막 행에 등장하는 '파로 맥주'는 브뤼셀에서 생산되는 특산품인데, 보들레르는 운문 풍자시 「파로 맥주에 관한 에첼 씨(氏)의 견해」에서 "파로, 그것은 오줌으로 만든 맥주이다. 파로는 오줌의 동의어다"라며 브뤼셀을 흐르는 센(Senne)강의 수질을 불신하고 있다.

외젠 프로망탱 씨(氏)에게

친구를 자처하는 어떤 성가신 사내에 대해

자신은 매우 부유하지만
콜레라는 두렵다고 그가 내게 말했다
―돈에는 인색하지만
오페라 관람에는 아낌이 없었다고도

―풍경화가 코로 씨(氏)를 알고 난 후
자연을 열렬히 좋아하게 됐으며
―아직은 마차가 없지만
곧 소유하게 될 거라고도

─대리석과 벽돌,
흑단과 금도금을 한 목재를 좋아하며
─자기 공장에는 명인(名人)으로 공인받은
작업반장을 세 명이나 부리고 있다고도

─다른 것은 차치하더라도
북부 철도회사 주식을 2만 주나 가지고 있으며
─17세기 장식예술가 오펜노르가 만든 액자들을
몇 점 찾아냈다고도

─마치 고도(古都) 뤼자르슈에 살고 있는 것처럼
골동품에 푹 빠져 있는 지경이며
고물 시장에서 톡톡히
한밑천 잡았다고

─자기는 아내도 어머니도 그다지
마땅치 않게 여기지만
─영혼의 불멸을 믿고 있기에
(여권운동가) 니부아에*를 읽었노라고도!

─육체적 사랑에 기운 적도 있었다며

한때 로마에서 자신은 권태롭기 짝이 없었지만
폐결핵에 걸린 여자 하나가
그를 향한 사랑 때문에 죽었노라고도.

투르네에서 온 이 수다쟁이가
세 시간 반 동안
시시콜콜한 자기 삶을 마구 떠들어대서
내 머리는 벙벙해졌다.

당시의 고통을 묘사해야 한다면
끝이 없을 터이다
난 증오심을 억누르며 혼잣말을 했지
"잠이라도 잘 수 있으면 좋으련만!"

너무 불편했지만
감히 자리를 뜰 수가 없어서
이 작자를 꼬챙이에 꿰 버릴 생각을 하며
의자에 엉덩이를 비벼댔다.

콜레라를 피해 달아난
이 괴물의 이름은 바스토뉴.

나는 저 먼 가스코뉴까지 반대쪽으로 달아나거나
차라리 물속으로 투신할 것이다

그가 도망쳐 나온 파리로
언젠가 우리 각자가 되돌아갔을 때
이 투르네 태생의 재앙을
만약에 내가 길 위에서 다시 만나게 된다면.

브뤼셀, 1865년.

*〈편집인 주〉

굳이 니부아에 씨(氏)를 등장시킨 이유를 우리는 알 수 없다.
하지만 보들레르 씨가 각운의 노예가 아니기에, '성가신 사내'
가 니부아에 씨의 대담한 작품을 읽었다는 자신의 배포를 자
랑하고 있다고 추정해야 한다.

역자 해설

다소 긴 원제를 줄여 「어떤 성가신 사내에 대해」라고 약칭
되는 이 시는, 프랑스의 유명 화가 프로망탱(Eugène Fromentin,
1820~1876)의 친구를 자칭하며 자신의 넋두리를 들어달라
고 초면인 보들레르를 붙잡고 늘어졌던 한 무뢰한의 일화
를 다루고 있다. 풍경화가 코로(Jean-Baptiste Camille Corot,

1796~1875)와의 친분도 자랑하는(제2연) '이 수다쟁이'는 8연에서 벨기에의 프랑스어권 도시 투르네 출신임이 밝혀진다.

이렇듯 부유하지만 인색하고, 마차와 저택은 물론 주식과 골동품 등 남들이 좋다고 하는 것은 모두 소유해야 하고, 여권운동과 연애에 이르기까지 다양한 분야에 관심을 가진 이 사내를 다룬 대목은 풍속비평집 『불쌍한 벨기에여!』의 메모 97 '부화뇌동'에서도 찾아볼 수 있다.

"다른 이들도 나와 같은 방식으로 살고 있다는 것을 확인하지 않고서는 나 자신이 행복하다고 믿을 수가 없소. 이런 식으로 나는 내 행복을 증명한다오"라고 말하는 벨기에 사람이 있었다. 그는 네 시간 동안이나 내 곁에 붙어 앉아 장광설을 늘어놓았다. 자신은 돈도 많고, 결혼도 했고, 호기심도 왕성하다는 것이다. 본인 소유의 공장이 있고, 숙련된 작업반장들을 고용하여 잘 돌아가고 있지만, 콜레라 때문에 파리를 떠나왔다고도 했다. 이 사람에게서 벗어나고파 행복은 고독 속에 있는 것이라고 일침(一針)을 가했다.

한편 『표류물』에는 총 12개의 〈편집인 주〉가 달려 있는데, 명칭과는 무관하게 시인 자신이 직접 작성한 것들이다. 이 시 6연의 〈편집인 주〉는 '니부아에 씨(氏)'라고 남성으로 지칭하고 있어 흔히 작가 겸 외교관인 폴랭 니부아에 (1825~1906)를 떠올리게 된다. 하지만 원시에서는 '아내'와 '어머니' 등 여성을 언급하는 상황에서 '니부아에'라고만 적고 있기에 폴랭의 모친 외제니 니부아에(1796~1883)로 이해하는 것이 훨씬 더 자연스러워 보인다. 19세기 선구적 여권운동의 대표적 인물인 '니부아에'를 읽는다는 것은 '성가신 사내'에게도 꽤나 용기가 필요한 일이었을 것이다. 그리고 〈편집인 주〉 속에서 열정적인 여성 페미니스트에게 남성 호칭 '씨(Monsieur)'를 덧붙여 비아냥거리는 보들레르의 모습 또한 낯설지 않다.

브뤼셀에서 위클로 가는 길가의 황당한 선술집

간단한 오믈렛 요리일지라도
관능의 흥취를 돋우기 위해서라면
해골 같은 혐오스러운 상징들을
첨가하길 마다하지 않는 당신

오, 늙은 파라오 같은 친구 몽슬레*여 !
난 그대를 생각했지
이 황당한 간판 앞에서

'공동묘지 코앞의 주막'.

*⟨편집인 주⟩

악의적 의도가 명백하다. 주지하다시피 몽슬레 씨는 관능적 쾌락을 극도로 좋아한다. ─어느 날 몽슬레는 보들레르가 새들이 배를 파먹은 교수형 당한 사람에 관해서 "무거운 창자가 그의 넓적다리 위로 흘러내렸다"라는 끔찍한 시를 썼다고 비난했다.

이에 발끈한 시인이 "시의 주제 때문이라도 나는 다르게 표현할 수가 없었소. 당신이라면 어떤 이미지를 택하겠소?" "장미 한 송이!"라고 몽슬레가 냉큼 대답했다.

하지만 몽슬레의 관능적인 겉치레 속에도 때때로 우수가 관통하고 있다는 것을 잊어서는 안 될 것이다. 최근에 몽슬레가 지은 소품을 보면, 여자 거지를 떠민 것을 자책하며 애써 찾지만 끝내 못 만나 매우 슬퍼하며 잠자리에 드는 대목이 있다. 이것은 진정 감수성에 굶주린 사내의 작품이리라.

그의 천성적인 쾌활함 때문에 이런 섬세한 서정적 기질이 묻혀버리곤 하는 것이 아쉬울 뿐이다.

역자 해설

『표류물』의 마지막 작품으로 1866년 초에 집필되었다. 여기에 등장하는 '공동묘지 코앞의 주막'이라는 기이한 간판의 선술집은 브뤼셀 인근에 실제로 존재했었다. 또한 풍자 단장집 『불쌍한 벨기에여!』의 메모 304에서도 언급된다.

「공동묘지 코앞의 주막」

몽슬레에게 바치는 것으로, 어느 날 선술집 문간에서 나는 맥주를 한 손에 든 채 합동 매장 광경을 바라보고 있었다.

상황시의 전형을 보여주는 이 작품은 1865년 봄 브뤼셀을 방문한 오랜 친구 샤를 몽슬레(1825~1888)와 『악의 꽃』의 시 「시테르섬으로의 여행」을 놓고 벌인 언쟁을 배경으로 하고 있다. 상상 속의 섬 시테르에는 비너스의 신전이 있기에, 누구나 자신의 이상형을 만날 수 있는 장소로 여겨진다. 그러나 이곳에서 보들레르는 교수형 당한 사체가 까마귀 떼에 의해 해체되는 장면을 떠올리며 "시체의 고통이 나의 고통!"이라는 수난의 내면화를 주장하였다.

몽슬레는 '오믈렛 요리'에서 보듯 미식과 식도락 분야에서 두각을 보인 쾌락주의 언론인이었고, 보들레르가 문득 그를 떠올린 곳은 누구나 피할 수 없는 죽음(공동묘지)과 삶의 향락(주막)이 한데 어우러져 있는 선술집 간판 앞에서였다. 5행에서 '늙은 파라오'로 등장하는 몽슬레는 고대 이집트 전통에 따라 인생의 덧없음을 상징하는 '해골'이 옆에 있어야만 더욱 감흥을 느끼는 세속적 향락주의자다. 죽음의 상징화로 표현되는 고통의 체화에 뿌리내리고 있는 보들레르 세계관과의 대립은 너무도 당연해 보인다.

1) 19세기 프랑스 유명 문인인 생트-뵈브(Charles Augustin Sainte-Beuve)의 작 중 인물.
2) 반 스위텐(Van Swieten)은 매독 예방약을 발명했다고 알려진 의사.
3) 고대 지리에서 우둔한 사람들의 나라.
4) '키에브랭 너머'라는 뜻으로, 벨기에 쪽에서 프랑스를 일컫는 말.
5) '당구대 나사를 풀다' 또는 '파이프를 깨다'는 죽는다는 뜻의 속어.
6) 조르주 당통(Georges Danton, 1759~1794): 프랑스 혁명기에 웅변가로 활동한 정치가로서, 로베스피에르의 공포정치에 반대하여 단두대에서 처형되었다.
7) 바르텔레미 주베르(Barthelemy Joubert, 1769~1799): 입대 후 고속 진급을 하여 나폴레옹 보나파르트도 능력을 인정한 프랑스의 장군. 이탈리아 원정에서 전사했다.
8) 볼테르(Voltaire, 1694~1778): 자유로운 비판정신과 종교적 관용론으로 18세기 프랑스 계몽주의를 대표하는 사상가이다.
9) 파로(le faro)는 브뤼셀 산(産) 맥주로, '오줌 맛'이 난다고 보들레르가 혹평한 바 있다.
10) 1830년 네덜란드로부터 독립한 벨기에는 브라반트(Brabant) 주(州)의 브뤼셀을 동서로 관통하는 언어경계선을 가지고 있어, 북부의 네덜란드어 방언을 쓰는 플라망(Flamand) 민족과 남부의 프랑스어 사투리를 사용하는 왈롱(Wallon) 민족으로 양분된다.
11) 빅토르 졸리(Victor Joly, 1807~1870): 브뤼셀의 신문 「르 산초」의 편집장.
12) 고대 로마에서 갈리아라고 불리던 골(Gaule)은 켈트족의 분포지로서, 프

랑스와 벨기에, 북이탈리아를 포함하는 지역.

13) 제퍼슨 데이비스(Jefferson Davis, 1808~1889): 미국 남북전쟁(1861~1865) 때의 남부연합 대통령.

14) 아농(Hannon)과 알트메이어(Altmeyer)는 자연과학과 고대역사를 전공하는 브뤼셀 자유대학의 교수들이다.

15) 피에르-조제프 프루동(Pierre-Joseph Proudhon, 1809~1865): 프랑스의 무정부주의적 사회주의자로서, 협동조합과 지방분권을 주장하여 탄압받았다. 독학으로 학문을 이룬 교양인인 그는 정의와 양심을 강조했다.

16) 피에르-장 드 베랑제(Pierre-Jean de Beranger, 1780~1857): 프랑스의 시인 겸 샹송작가로서, 그의 노래는 삶의 기쁨과 더불어 격렬한 정치 비판으로 인기가 높았다.

17) 샹플뢰리(Champfleury, 1821~1889): 프랑스의 미술평론가이자 대중적으로 성공한 사실주의 소설가.

18) 피그제레쿠르(Pixerecourt, 1773~1844): 프랑스의 극작가로서 멜로드라마의 대가였다.

19) 샤를 소베스트르(Charles Sauvestre, 1818~1883): 프랑스의 반교권주의 행동파 언론인.

20) 벨기에를 들끓게 했던 드 벅(De Buck) 사건을 가리킨다. 자신의 유산을 사취했다며 예수회 교도들을 죽이겠다고 위협한 드 벅은 결국 재판에서 무죄를 선고받았다.

21) 보니파스(Boniface)는 주23의 드프레의 필명이다.

22) 폴-루이 쿠리에(Paul-Louis Courier, 1772~1825): 프랑스의 명성 높은 정치 풍자가로서, 암살되었다.

23) 드프레(Defre)는 세례를 못 받고 죽은 아이의 시체를 파내서 성지에 매장한 시장.

24) 펠리시앙 롭스(Felicien Rops, 1833~1898): 보들레르가 격찬한 벨기에 화가 겸 판화가.

25) 프랑스 혁명기에 자주 모였던 수도원의 이름에서 유래하는 자코뱅당은 루이 16세를 변호하는 지롱드당에 맞서 국왕의 처형을 주도한 후 급진적인 공포정치를 펼쳤다.

26) 지금의 헝가리·루마니아를 지배하던 훈족의 왕 아틸라(Attila, 406~453)는 서진하며 유럽을 약탈하다 서로마에 의해 격퇴된 후 급사하였다.

27) 바프로(Gustave Vapereau, 1819~1906):『동시대인물 백과사전』을 집필한 프

랑스 작가.

28) 브뤼셀의 부유한 증권 중개인 프로스페르 크라브(Prosper Crabbe)는 자신
만의 미술품 컬렉션을 가지고 있었다.

29) 비에르츠(Antoine Wiertz, 1806~1865): 벨기에의 유명 화가.

30) 12세기에 십자군 원정 미망인들로 구성된 벨기에의 여자수도회로서, 격
식 없는 공동체 생활을 하며 결혼도 할 수 있었다.

31) 코에베르제(Wenceslas Coebergher, 1561~1634): 안트베르펜에서 태어난 화
가·조각가·건축가로서 벨기에 지역의 르네상스를 대표한다.

32) 루카스 페데르브(Lucas Faijdherbe)와 자크 프랑카르(Jacques Franquaert)는
건축가 겸 조각가로서, 말린의 베긴 교단 성당을 지었다.

33) 프랑스어로 Malines인 이 도시는 네덜란드어로 Mechelen(메헬렌)이라
표기된다.

34) 레이(Hendrik Leys, 1815~1869): 안트베르펜 출신의 벨기에 화가로서, 역
사화로 명성이 높았다.

35) 호라티우스(65~8 BC): 고대 로마의 시인.

36) 바르베이 도르빌리(Jules Barbey d'Aurevilly, 1808~1889): 19세기 후반 프랑
스 문단의 '원수(元帥)'로 불린 프랑스 작가.

샤를 보들레르 연보

(Charles Baudelair, 1821~1867)

1821년	4월 9일, 파리에서 출생
1827	2월 10일, 부친 사망
1828	11월 8일, 모친이 자크 오픽 소령과 재혼
1831~1839	의부의 부임지를 따라 리옹에 이어 파리의 루이 르그랑 중등 학교에서 수학. 대학입학 자격시험 합격
1840	네르발, 발자크 등의 문인들과 교류 시작
1841~1842	방탕한 생활로부터 보들레르를 떼어놓으려는 의부의 주선으로 모리스섬과 부르봉섬을 여행함
1842	시인 고티에(Théophile Gautier)와 방빌(Théodore de Banville)과 만남. 잔 뒤발(Jeanne Duval)과 교제
1843	피모당 호텔에 거처를 정함. 낭비벽으로 빚을 지기 시작
1844	모친의 요구로 법정 후견인이 지정됨
1845~1846	해마다 『미술평』을 출간

1845년 6월 30일, 자살 시도
1846년 4월 15일, 신문 「대중의 정신」에 에세이 「문학청년들에게 주는 충고」 게재

1847   단편 소설 「라 팡파를로」 발표

1848   2월 혁명과 6월의 노동자폭동에 가담. 잔 뒤발 문제로 모친과 불화

1851~1852   정치사상가 드 메스트르(Joseph Marie de Maistre]) 미국 시인 포 (Edgar Allan Poe) 발견
사바티에 부인(Mme. Sabatier)에게 익명의 편지를 보내기 시작

1853~1856   빈곤한 시기. 사바티에 부인에게 계속 편지를 보냄
일간지 「르 페이」에 포의 번역을 연재
에세이 「웃음의 본질」 발표
1855년 6월 1일, 월간 「양 세계」가 보들레르의 18편의 시를 「악의 꽃」이라는 제목으로 게재

1857   의부 사망
6월 25일, 시집 『악의 꽃』 출간. 7월 16일, 시집 압류
8월 18일, 사바티에 부인에게 자신을 밝힘
8월 20일, 법원은 보들레르와 출판사에게 벌금형을 선고하고 6개 시편의 삭제를 명령
8월 31일, 사바티에 부인과의 교제 파경

1858   처음으로 지병에 따른 심각한 발작이 일어남
파리에서 일정한 거처 없이 잔 뒤발 집에 기거
옹플레르에 있는 모친 곁에서 함께 살 것을 고려

1859~1860   파리 근교 뇌이(Neuilly)의 작은 아파트에 세를 얻어 중풍에 걸린 잔 뒤발과 동거
『인공 낙원』 출간

1861	새로운 질병 증상이 나타남
	『악의 꽃』 재판 출간
	잡지 「유럽」에 음악 평론 「리하르트 바그너와 탄호이저」 기고
	아카데미 프랑세즈 회원에 입후보

1862   잠복하고 있던 병의 특이한 징후가 나타남
아카데미 후보 사퇴
이복 형이 발신불수를 동반한 뇌출혈로 사망
산문시집 『파리의 우울』에 실릴 시편들을 발표하기 시작

1863   화가 들라크루아(Eugène Delacroix)가 사망하자 일간지 「국민
여론」에 추모 평론 기고
풍속화가 콩스탕탱 기(Constantin Guys)에 관해 연구, 「르 피
가로」지에 3회에 걸쳐 「현대 생활의 화가」로 연재

1864~1865   벨기에 여행. 그곳에서 일련의 강연 실패로 곤궁함이 극에
달함
산문집 『불쌍한 벨기에여!』 집필
얼마간의 돈을 구하기 위해 파리에 단기간 체류 후 브뤼셀
로 되돌아감
자신에게 열광하는 말라르메(Stephane Mallarmé)와 베를렌
(Paul Verlaine)의 기사를 접하고 "이 젊은이들은 나를 몹시 무
섭게 한다"라고 함

1866   현기증과 구토가 일어남
3월 6일, 우측 반신마비
브뤼셀에서 입원 중 7월, 모친에 의해 파리로 이송

1867   8월 31일 오전 11시 영면(46세)

참고문헌

Adam, Antoine, *Baudelaire Les Fleurs du Mal*, Garnier, 1961(1998).

Bandy, W.T. et Claude Pichois, *Baudelaire devant ses contemporains*, Klincksieck, 1995.

Baronian, Jean-Baptiste, *Baudelaire*, Gallimard, 2006.

Baudelaire, Charles, *Correspondance I et II*, Gallimard, 1973.

_____, *Œuvres complètes I*, Gallimard, 1975(1993).

_____, *Œuvres complètes II*, Gallimard, 1976(1993).

_____, *Fusées Mon coeur mis à nu La Belgique déshabillée*, Gallimard, 1986.

Bocholier, Gérard, *Baudelaire en toutes lettres*, Bordas, 1993.

Crépet, Eugène et Jacques Crépet, *Baudelaire Étude biographique*, Messein, 1906.

Crépet, Jacques, *Charles Baudelaire Les Fleurs du Mal Les Épaves*, Louis Conard, 1922.

Crépet, Jacques et Georges Blin, *Charles Baudelaire Les Fleurs du Mal*, José Corti, 1942.

_____, *Charles Baudelaire Journaux Intimes*, José Corti, 1949.

Crépet, Jacques et Claude Pichois, *Charles Baudelaire Juvenilia Œuvres posthumes Reliquiae*, Louis Conard, 1952.

_____, *Baudelaire et Asselineau*, Nizet, 1953.

Delarue, Claude, *Baudelaire l'enfant idiot*, Belfond, 1997.

Delons, Catherine, *Narcisse Ancelle*, Éditions du lérot, 2002.

Jackson, John E., *Baudelaire*, Librairie Générale Française, 2001.

Kopp, Robert, *Baudelaire Le soleil noir de la modernité*, Gallimard, 2004.

Kunel, Maurice, *Baudelaire en Belgique*, Édition de la société nouvelle, 1912.

Labarthe, Patrick, *Baudelaire et la tradition de l'allégorie*, Droz, 1999.

LLoyd, Rosemary, *The Cmabridge Companion to Baudelaire*, Cambridge University Press, 2005.

Pichois, Claude, *Baudelaire: Études et Témoignages*, Éditions de la Baconnière, 1967(1976).

_____, *Auguste Poulet-Malassis L'éditeur de Baudelaire*, Fayard, 1996.

_____, *Retour à Baudelaire,* Éditions Slatkine, 2005.

Pichois, Claude et Jean-Paul Avice, *Dictionnaire Baudelaire*, Éditions du lérot, 2002.

_____, *Passion Baudelaire*, Les Éditions Textuel, 2003.

_____, *Baudelaire Paris sans fin*, Paris musées, 2004.

Pichois, Claude et Jean Ziegler, *Baudelaire*, Julliard, 1987.

_____, *Charles Baudelaire*, Fayard, 1996.

Poggenburg, Raymond, *Charles Baudelaire une micro-histoire*, José Corti, 1987.

Ruff, Marcel A., *Baudelaire*, Hatier, 1966(1976).

Sartre, Jean-Paul, *Baudelaire*, Gallimard, 1975.

Savatier, Thierry, *Une femme trop gaie*, CNRS Editions, 2003.

Scaraffia, Giuseppe, *Petit dictionnaire du dandy*, Sand, 1988.

Starkie, Enid, *Baudelaire*, Penguin Books, 1971.

Thélot, Jérôme, *Baudelaire violence et poésie*, Gallimard, 1993.

Troyat, Henri, *Baudelaire*, Flammarion, 1994.

"Baudelaire", *Magazine littéraire*, no.418, mars 2003.

"Charles Baudelaire", *Europe revue littéraire mensuelle*, no.760-761, août-septembre 1992.

프랑스엔 〈크세주〉, 일본엔 〈이와나미 문고〉,
한국에는 〈살림지식총서〉가 있습니다.

📖 전자책 | 🔍 큰글자 | 🔊 오디오북

보들레르의 풍자적 현대문명 비판

『벨기에 기행』을 중심으로

펴낸날	초판 1쇄 2020년 3월 16일

지은이	이건수
펴낸이	심만수
펴낸곳	(주)살림출판사
출판등록	1989년 11월 1일 제9-210호

주소	경기도 파주시 광인사길 30
전화	031-955-1350　팩스 031-624-1356
홈페이지	http://www.sallimbooks.com
이메일	book@sallimbooks.com

ISBN	978-89-522-4183-2　04080
	978-89-522-0096-9　04080 (세트)

이 도서의 국립중앙도서관 출판시도서목록(CIP)은 서지정보유통지원시스템 홈페이지(http://seoji.nl.go.kr)와 국가자료공동목록시스템(http://www.nl.go.kr/kolisnet)에서 이용하실 수 있습니다.(CIP제어번호: CIP2020009352)

책임편집·교정교열 김세중 최정원

376 좋은 문장 나쁜 문장 `eBook`

송준호(우석대 문예창작학과 교수)

어떻게 좋은 문장을 쓸 수 있을 것인가? 우선 좋은 문장이 무엇이고 그렇지 못한 문장은 무엇인지 알아야 할 것이다. 대학에서 글쓰기 강의를 오랫동안 해 온 저자가 수업을 통해 얻은 풍부한 사례를 바탕으로 문장교육을 제대로 받지 못한 독자들에게 좋은 문장으로 가는 길을 제시하고 있다.

051 알베르 카뮈 `eBook`

유기환(한국외대 불어과 교수)

알제리에서 태어난 프랑스인, 파리의 이방인 알베르 카뮈에 대한 충실한 입문서. 프랑스 지성계에 혜성처럼 등장한 카뮈의 목소리는 늘 찬사와 소외를 동시에 불러왔다. 그 찬사와 소외의 이유, 그리고 카뮈의 문학, 사상, 인생의 이해와, 아울러 실존주의, 마르크스주의 등 20세기를 장식한 거대담론의 이해를 돕는 책.

052 프란츠 카프카 `eBook`

편영수(전주대 독문과 교수)

난해한 글쓰기와 상상력으로 문학사에 커다란 발자취를 남긴 카프카에 관한 평전. 잠언에서 중편 소설 「변신」 그리고 장편 소설 『실종자』와 『소송』 그리고 『성』에 이르기까지 카프카의 거의 모든 작품에 대한 해석을 담고 있다. 또한 이 책은 카프카의 잠언과 노자의 핵심어인 도(道)의 연관성을 추적하는 등 새로운 관점도 보여 준다.

271 김수영, 혹은 시적 양심 `eBook`

이은정(한신대 교양학부 교수)

힘과 새로움으로 가득 차 있는 김수영의 시 세계. 그 힘과 새로움의 근원을 알아보고 지금까지와는 다른 새로운 독법으로 그의 시 세계를 살펴본다. 그와 그의 시에 대해 깊은 애정을 가진 저자는 김수영의 이해를 위한 충실한 안내자 역할을 자처한다. 김수영의 시 세계를 향해 한 발 더 들어가 보고자 하는 독자들에게 유익한 책이다.

369 도스토예프스키 eBook

박영은(한양대학교 HK 연구교수)

『카라마조프가의 형제들』과 『죄와 벌』로 유명한 러시아의 대문호 도스토예프스키. 그의 작품에 등장하는 생생한 인물들은 모두 그의 힘들었던 삶의 경험과 맞닿아 있다. 한 편의 소설 같은 삶을 살았으며, 삶이 곧 소설이었던 작가 도스토예프스키의 생의 한가운데 서서 그 질곡과 영광의 순간이 작품에 어떻게 드러나는지를 살펴본다.

245 사르트르 참여문학론 eBook

변광배(한국외대 불어과 강사)

사르트르의 『문학이란 무엇인가』에서 전개된 참여문학론을 소개하면서 억압받는 자들을 위한다는 기치를 높이 들었던 참여문학론의 의미를 성찰한다. 참여문학론의 핵심을 이루는 타자를 위한 문학은 자기 구원의 메커니즘에 문제가 생겼을 때 이 문제를 해결하고, 그 메커니즘을 보충하는 이차적이고도 보조적인 문학론이라고 말한다.

338 번역이란 무엇인가 eBook

이향(통역사)

번역에 대한 관심이 날로 늘어 가고 있다. 추상적이거나 어렵게 느껴지는 번역 이론서들, 그리고 쉽게 읽히지만 번역의 전체 그림을 바라보기에는 부족하게 느껴지는 후일담들 사이에 다리를 놓는 이 책은 번역의 이론과 실제를 동시에 접하여 번역의 큰 그림을 그리고자 하는 독자들에게 안성맞춤이다.

446 갈매나무의 시인, 백석 eBook

이숭원(서울여대 국문과 교수)

남북분단 이후 북에 남았지만, 그를 기리는 많은 이들의 노력으로 백석은 현재 우리나라에서 가장 주목받는 시인 중 한 사람이다. 이 책은 시인을 이해하는 많은 방법 중 '작품'을 통해 다가가기를 선택한 결과물이다. 음식 냄새 가득한 큰집의 정경에서부터 '흰 바람벽'이 오가던 낯선 땅 어느 골방에 이르기까지, 굳이 시인의 이력을 들춰보지 않더라도 그의 발자취가 충분히 또렷하다.

053 버지니아 울프 살아남은 여성 예술가의 초상 `eBook`

김희정(서울시립대 강의전담교수)

자신만의 독창적인 글쓰기 방식을 남기고 여성작가로 살아남는
다는 것이 어떤 의미를 갖는지를 보여 준 버지니아 울프와 그녀의
작품세계에 관한 평전. 작가의 생애와 작품이 어우러지는 지점들
을 추적하는 방식으로, 모더니즘 기법으로 치장된 울프의 언어 저
변에 숨겨진 '여자이기에' 쉽게 동감할 수 있는 메시지들을 해명
한다.

018 추리소설의 세계

정규웅(전 중앙일보 문화부장)

추리소설의 역사는 오이디푸스 이야기까지 거슬러 올라간다. 저
자는 고전적 정통 기법에서부터 탐정의 시대를 지나 현대에 이르
기까지 추리소설의 역사와 계보를 많은 사례를 들어 재미있게 설
명하고 있다. 추리소설의 'A에서 Z까지', 누구나 그 추리의 세계로
쉽게 빠져들게 하는 책이다.

199 디지털 게임 스토리텔링 `eBook`

한혜원(이화여대 디지털미디어학부 교수)

디지털 시대의 새로운 이야기 양식을 소개한 책. 디지털 패러다임
의 중심부에 게임이 있다. 이 책은 디지털 게임의 메커니즘을 이
야기 진화의 한 단계로서 설명한다. 게임의 역사에 있어서 중요한
패러다임의 변화, 게임이라는 새로운 지평에서 펼쳐지는 새로운
이야기 양식에 대한 분석 등이 흥미롭게 소개된다.

326 SF의 법칙

고장원(CJ미디어 콘텐츠개발국 국장)

과학의 시대다. 소설은 물론이거니와 영화, 애니메이션, 만화, 게
임 등 온갖 형태의 콘텐츠가 SF 장르에 손대고 있다. 하지만 SF
콘텐츠가 각광을 받고 있는 것에 비해 이 장르에 대한 깊이 있는
이해를 도울 만한 마땅한 가이드북이 존재하지 않는다. 이 책은
이러한 아쉬움을 채워주기 위한 작은 출발점이 될 것이다.

eBook 표시가 되어있는 도서는 전자책으로 구매가 가능합니다.

㈜살림출판사
www.sallimbooks.com
주소 경기도 파주시 문발동 522-1 | 전화 031-955-1350 | 팩스 031-955-1355